TREZE MESES DENTRO DA TV

ADRIANO SILVA
TREZE MESES DENTRO DA TV

uma aventura corporativa exemplar

ROCCO

Copyright © 2017 by Adriano Silva

Direitos desta edição reservados à
EDITORA ROCCO LTDA.
Av. Presidente Wilson, 231 – 8º andar
20030-021 – Rio de Janeiro, RJ
Tel.: (21) 3525-2000 – Fax: (21) 3525-2001
rocco@rocco.com.br
www.rocco.com.br

Printed in Brazil/Impresso no Brasil

CIP-Brasil. Catalogação na fonte.
Sindicato Nacional dos Editores de Livros, RJ.

S579t

Silva, Adriano
    Treze meses dentro da TV: uma aventura corporativa exemplar / Adriano Silva. – 1ª ed. – Rio de Janeiro : Rocco, 2017.
    (Trilogia As Memórias do Primeiro Tempo)

    ISBN: 978-85-325-3068-4 (brochura)
    ISBN: 978-85-8122-693-4 (e-book)

    1. Televisão – Produção e direção – Brasil. I. Título II. Série.

17-41226

CDD-791.450233
CDU-7.071.2:654.191

O texto deste livro obedece às normas do
Acordo Ortográfico da Língua Portuguesa.

*Para Emerson, Perseu, Tânia, Jerônimo, Eliane,
Álvaro, Alexandrinho e Fernandão*

Para Vivian Wyler, in memoriam

Para Geneton Moraes Neto, in memoriam

Introdução

O que você tem em mãos são as memórias completas dos meus 400 dias no *Fantástico*.

Este é o relato de um entusiasmo — a alegria de fazer televisão, de trabalhar na TV Globo, de morar no Rio de Janeiro. E da trajetória percorrida por esse entusiasmo ao longo de treze meses.

As histórias de vida corporativa que vêm à tona são geralmente casos de sucesso estrondoso, jornadas em que os percalços são sempre superados e em que o esforço sempre é recompensado com um final feliz. Isso permite ao leitor dormir tranquilo, como se todos os conflitos pudessem ser resolvidos a contento e como se tudo fosse sempre terminar bem.

A história que vou contar aqui é um pouco diferente.

Trata-se de uma aventura executiva cheia de descobertas. De espantos. E de aprendizagens.

Aprendi muito sobre mundo corporativo, sobre televisão, sobre mim mesmo.

Aprendi, inclusive, que há mais de um jeito de uma história "terminar bem". E que o final pode ser "feliz" mesmo quando não acontece exatamente do jeito que imaginávamos.

Foi com esse espírito que decidi revelar aqui o que a maioria das pessoas busca esconder — a minha própria caixa-preta.

Creio que esse relato reúne elementos suficientes para interessar a quem queira saber mais sobre jornalismo e jornalistas, sobre televisão, sobre os bastidores das redações, sobre o mercado de comunicação, sobre a indústria da mídia em geral.

Assim como penso que esse livro pode interessar a quem gosta de ler sobre vida executiva, sobre gestão de pessoas e de carreira, sobre o funcionamento subterrâneo das grandes empresas.

Essa é uma história sobre relações humanas no ambiente de trabalho, sobre competição interna, sobre montagem de times e administração de talentos, sobre reação à mudança e sobre adaptação em um ambiente novo, sobre tensões hierárquicas, sobre as pontes e os espaços vazios que se estabelecem entre chefes e subordinados, e entre pares, no dia a dia de uma grande empresa.

Essa é a minha história. A história que me coube contar.

Essa é uma história sobre relações humanas no ambiente de trabalho, sobre competição interna, sobre montagem de times e administração de talentos, sobre reação à mudança e sobre adaptação em um ambiente novo, sobre tensões hierárquicas, sobre as pontes e os espaços vazios que se estabelecem entre chefes e subordinados, e entre pares, no dia a dia de uma grande empresa.

1

Junho de 2006.

O Brasil se preparava para capengar na Copa do Mundo da Alemanha. E eu estava exausto. Tinha 35 anos e era diretor do Núcleo Jovem da Editora Abril. Cuidava de todos os títulos destinados ao público jovem na maior casa editorial da América Latina, tanto do ponto de vista jornalístico quanto de negócios — da *Superinteressante* à *Capricho*, de *Mundo Estranho* à *Bizz* e *Supersurf*.

Depois de ter sido um diretor de redação na Abril, ao fim de uma época em que essa era uma das melhores posições para um jornalista no Brasil, e depois de ter vivido cinco grandes exercícios à frente da *Superinteressante*, eu havia sido promovido àquele cargo que cada vez mais me levava para perto das finanças e para longe das funções editoriais. E que me demandava cada vez mais presença em reuniões comerciais e menos convívio com a Redação. Estava ficando muito árido atravessar os dias correndo atrás dos números, quando eram as palavras que davam sentido à minha vida.

Quando ficou claro que era mais importante, para o bom desempenho das minhas funções, que eu acompanhasse as notícias do mercado publicitário, pela imprensa especializada no segmento, do que me instruísse jornalisticamente nas melhores publicações do mundo, como a revista americana *Time* ou a inglesa *The Economist*, decidi que era hora de mudar. Meu casamento com a Abril havia sido espetacular, cheio de alegrias e de conquistas. E já durava quase nove anos. Mas talvez estivesse de fato chegando ao fim.

Paulo Nogueira, que havia sido meu chefe por muitos anos na Abril, era agora o diretor-editorial da Editora Globo. Eu tinha vindo para a Abril a convite dele. Eu havia colaborado com a revista *Exame*, que Paulo dirigira com brilhantismo nos anos 90, enquanto fazia meu Master in Business Administration (MBA), ou mestrado em Administração de Negócios, na Universidade de Kyoto, no Japão, entre 1995 e 1998. Em pouco mais de dois anos, publiquei quase 50 artigos na mais influente revista de negócios do país. Foi assim, meio sem querer, escrevendo ensaios e pensatas sobre a economia brasileira, do outro lado do mundo, que virei jornalista.

Um ano antes do fim do meu mestrado japonês, Paulo fez o convite para que eu viesse trabalhar na *Exame*. Meus planos naquele momento não incluíam uma volta ao Brasil: eu pensava em seguir no exterior, virar um executivo de marketing numa multinacional e levar adiante a minha vida de expatriado. Eu mirava em Nova York, Chicago, São Francisco e Los Angeles. Não descartava Miami ou Houston. E tinha medo de São Paulo — o projeto que acabou preponderando. Em abril de 1998, finalmente, virei paulistano e ocupei pela primeira vez uma cadeira numa Redação — duas ideias que inexistiam no meu radar quando saí do país para estudar.

Depois da *Exame*, trabalhei com Paulo também na Unidade de Negócios (de revistas) Masculinas, que ele passou a dirigir na Abril a partir do início do ano 2000. Paulo me convidou para assumir a direção de redação da *Superinteressante* e... bem, essa é outra história, a ser contada como se deve num outro episódio dessa Trilogia.

Aquele ano de 2006 era o primeiro de Paulo na Editora Globo, depois de uma carreira de 25 anos, cheia de realizações, na Abril. Paulo havia aceitado o convite da Editora Globo com a missão de elevar a qualidade editorial das suas publicações, que até então nunca haviam conseguido competir de verdade com os títulos da Abril.

Paulo estava ainda em processo de montagem do seu time na Editora Globo e havia me sondado para assumir uma posição por lá. Ele tinha planos ousados para a Editora. Alguns ele conseguiu levar a cabo — a reforma editorial que injetou vida e relevância na revista *Época*, a criação da *Época Negócios*, que buscava inaugurar por aqui um jornalismo de negócios voltado à inovação, e o lançamento da *Época São Paulo*, a tentativa de trazer para o país o modelo de revista mensal de cidade adotado em algumas grandes capitais do mundo, em detrimento de simplesmente reproduzir o formato vitorioso de revista semanal da *Veja São Paulo*, da Abril, a "Vejinha", pioneira e líder desse segmento no Brasil. (A *Época São Paulo* deixaria de circular regularmente em papel em janeiro de 2014.)

Respondi a Paulo que no mundo das Organizações Globo o meu maior interesse era a TV. Aquele duro biênio de 2005 e 2006, em que vivi agastado por aquela posição de diretor de Núcleo, havia me exaurido em relação à mídia impressa. Foi precisamente aquela minha angustiada rotina de vendedor de anúncios e de projetos comerciais, no entanto, que me permitiu estar próximo do mercado publicitário e constatar a facilidade com que a TV Globo atraía a maior parte dos investimentos publicitários no país.

Entre os grandes anunciantes e as grandes agências, somente o que sobrava das verbas destinadas à TV Globo era dividido entre outros veículos e outros meios. A própria Editora Abril, com toda a sua respeitabilidade e o seu porte, à época, vivia na incômoda posição de só almoçar depois que a TV Globo tivesse se levantado da mesa. A vida era dura para quem vivia de vender revistas.

Mesmo dentro do mundo Abril, a *MTV — Music Television*, o canal de televisão para adolescentes que a Abril havia trazido ao Brasil, em acordo com a americana Viacom, no início dos anos 90, e cujo projeto foi encerrado em 2013 — também parecia ter muito mais facilidade para desenvolver projetos bacanas do que a maioria dos veículos impressos da casa. Eu sentia isso na carne. Como diretor do Núcleo Jovem, eu era uma espécie de competidor interno da *MTV*.

Em 2006 era mais fácil vender um projeto de 1 milhão de reais em televisão do que um projeto de 100 mil reais em revista ou do que um projeto de 10 mil reais na internet.

Na televisão, haveria melhores condições financeiras para a implementação de boas ideias editoriais — ou simplesmente para tocar o dia a dia com mais alegria, atuando como editor e não como executivo de vendas. Na televisão, os projetos que eu desenvolveria falariam com milhões de telespectadores vidrados — e não mais com alguns milhares de leitores minguantes, em movimento de deserção.

A TV Globo, portanto, parecia oferecer um ambiente de trabalho mais favorável — coisa da qual, naquele momento, eu me ressentia muito. Claro que eu tinha amigos que haviam passado por televisão e claro que eles me apresentavam uma visão bem menos ingênua e deslumbrada do trabalho em telejornalismo ou mesmo na própria TV Globo. Mas há momentos em que você só ouve aquilo que quer ouvir.

Era assim que eu me via naquele momento: nada podia ser mais desgastante do que seguir naquele cotidiano renhido, avançando por uma estrada que só me afastava daquilo que eu realmente queria fazer — pautar, editar, escrever, publicar conteúdo. Então fui alimentando o sentimento de que não tinha muito a perder. Para mim, era assim: vivíamos no país da televisão. Não éramos um país de leitores. O futuro para produtores de conteúdo era a linguagem audiovisual, o meio eletrônico, imagens em ação. Era isso que eu queria fazer.

Paulo aquiesceu e em seguida me colocou em contato com Luis Erlanger, à época diretor da Central Globo de Comunicação (CGCOM). Paulo e Erlanger participavam semanalmente do Conselho Editorial das Organizações Globo, o Conedit, que reunia no Rio, toda terça de manhã, os responsáveis pelo jornalismo de todos os veículos das Organizações, entre alguns outros altos executivos da casa.

Troquei alguns e-mails com Erlanger. Ele foi simpático e deixou claro que quem decidiria sobre a minha contratação era Carlos Henrique Schroder, na época diretor da Central Globo de Jornalismo (CGJ). A TV Globo se dividia basicamente em CGJ, responsável por toda a produção jornalística e de esportes, e Central Globo de Produção (CGP), encarregada de toda a produção artística e de entretenimento da emissora.

Em 2009, Schroder seria promovido a um novo cargo, que não existia naquela época: Direção-Geral de Jornalismo e Esporte (DGJE). No inverno de 2006, quando o conheci, ele já era responsável pela divisão de Esportes, importantíssima para a TV Globo, comandada por Luiz Fernando Lima. Mas não tinha ainda essa função expressa no seu cartão de visitas. De resto, pouco mudou com o novo cargo: Schroder continuou comandando todo o aparato jornalístico e esportivo da TV Globo, função que o tornava o jornalista mais poderoso do Brasil.

A mudança, em 2009, além de fazer justiça a Schroder, também permitiu que Ali Kamel, na época o diretor-executivo da

CGJ, adjunto de Schroder, assumisse como o número 1 da CGJ. Ali atuava bastante próximo à cobertura política da emissora e à pauta do *Jornal Nacional*.

Mais tarde, em setembro de 2012, 28 anos depois de ingressar na emissora, coroando uma carreira exemplar, Schroder seria anunciado como o novo diretor-geral da TV Globo — o principal executivo da empresa —, passando a responder diretamente aos acionistas, em substituição a Octávio Florisbal, que ocupava o cargo desde 2002 e que passaria a integrar o Conselho de Administração da emissora a partir de janeiro de 2013.

Ali Kamel seria promovido à Direção-Geral de Jornalismo e Esporte (DGJE) e Silvia Faria, que havia substituído Ali em 2009 na direção executiva do jornalismo, o substituiria novamente, agora como número 1 da CGJ. Mariano Boni, diretor de jornalismo em Brasília, seria efetivado como novo diretor-executivo da CGJ, o segundo de Silvia, em julho de 2013. Em janeiro do mesmo ano, Renato Ribeiro, outro diretor-executivo de jornalismo, assumiria a direção da Central Globo de Esporte (CGE), em substituição a Luiz Fernando Lima, que deixaria a empresa.

(Pouco tempo depois a TV Globo passaria a assinar seus programas, nas cartelas de encerramento, apenas com "Jornalismo", "Entretenimento" e "Esporte", sem mencionar mais as "Centrais".)

Em seguida fui almoçar com Erlanger no Rio. A ideia era falarmos um pouco da rotina em televisão e das reais chances que eu tinha de realizar aquele salto da mídia impressa para a mídia eletrônica. Erlanger tinha feito essa mudança de carreira havia pouco mais de uma década, vindo do jornal *O Globo*. Ele se posicionava como um facilitador e se oferecia para fazer a ponte com Schroder.

Ao fim desse almoço, cruzamos com Schroder e Ali, que saíam com um grupo de um espaço do restaurante executivo da TV Globo reservado para reuniões. Erlanger me apresentou aos dois. Schroder foi polido e econômico. Ali gastou mais tempo comigo. Achou engraçado eu dirigir o Núcleo "Jovem" da Abril. Depois, criticou a *Superinteressante*, quando eu lhe disse que aquele era o principal título sob minha direção. Alegou que havíamos dado em algum momento uma capa sobre o Islã em que havia erros de informação. Afirmou que assinava a *Superinteressante* para as suas enteadas — e que tinha cancelado a assinatura da revista por conta daquela reportagem. Foi meu primeiro contato com Ali. Sua fala tinha um ritmo cadenciado. Havia um meio sorriso em seu rosto que repousava mais em seus olhos oblongos do que propriamente em sua boca.

Se um jato de feromônios realmente traçou uma risca à minha frente, o fato é que aquilo não me intimidou. Na sequência escrevi um e-mail a Schroder, formalizando meu interesse em trabalhar em televisão. A partir daí começamos a trocar algumas mensagens. Eu, floreando o estilo, tentando mostrar a minha técnica. Schroder, sucinto, objetivo. Não demorou muito e ele me convidou para almoçar. Voltei à rua Lopes Quintas, à mítica sede da TV Globo, no Jardim Botânico, cujo prédio relativamente modesto e originalmente pintado de azul e prata rendeu à emissora, por algum motivo, o apelido de "Vênus Platinada".

No espaço relativamente exíguo do restaurante executivo da empresa, você via William Bonner numa mesa, Galvão Bueno noutra, mais adiante Mário Lúcio Vaz — na época, diretor-geral artístico da emissora, o responsável pelo conteúdo não jornalístico da TV Globo, em especial pelas novelas. A decoração antiga, um bocado escura, me evocava um clássico restaurante português do Rio nos anos 70. Talvez ainda guardasse o estilo da época em que fora inaugurado — o que tornava aquela imersão ainda mais interessante e mágica. Como se José Bonifácio de Oliveira Sobrinho, o Boni, Walter Clark e Joe Wallach ainda almoçassem ali com seus diretos. (Alguns dos quais ainda frequentavam aquelas mesas em 2006.)

Me apresentei a Schroder. Contei um pouco do que havia feito e lhe disse que o que mais me incomodava naquele momento de minha carreira era o crescente afastamento das funções editoriais para assumir responsabilidades comerciais e financeiras. Ele foi enfático numa resposta que me entusiasmou — "Aqui não existe essa possibilidade". Ele me ouvia, embora tenha passado boa parte do almoço olhando para a televisão que ficava atrás de mim, acompanhando um de seus telejornais.

A conversa evoluiu rápido. Schroder era um cara prático. Ele não demonstrava muito interesse nas medalhas que eu havia conquistado na Abril e que ia colocando sobre a mesa. Como se o mundo das revistas fosse irrelevante naquele ambiente. Ou como se já soubesse o que tinha que saber sobre mim com base no nosso contato pessoal, da nossa troca de e-mails e de sua conversa a meu respeito com Paulo Nogueira, meu antigo chefe — de quem também era colega nas reuniões de terça do Conedit. Percebi que uma porta havia se aberto. Aquela oportunidade ia ficando cada vez mais viva à minha frente. Uma sensação boa começou a se formar dentro de mim.

Schroder me perguntou o que eu gostaria de fazer na TV Globo. Disse a ele que enxergava no *Globo Repórter* a maior oportunidade editorial da casa. Além disso, tratava-se de um programa em formato de revista semanal, o que o colocava mais próximo do meu mundo.

Via espaço para uma grande reportagem em profundidade sobre o tema mais candente da semana. E também para matérias de tradução, de explicação, que esmiuçassem temas importantes e mais complexos que não tivessem podido ser suficientemente trabalhados na cobertura diária. ("Matéria", no jargão jornalístico, quer dizer reportagem, material editado, conteúdo pronto para ser publicado.) Essa era a minha visão.

Esse tipo de jornalismo, encravado na investigação e na linguagem do documentário, era escasso — e, ainda hoje, faz muita falta. Havia algumas reportagens especiais em alguns programas. Mas elas iam ao ar muito raramente e quase sempre com restrições importantes de tempo impostas pelo formato dos telejornais em que eram exibidas. Os programas jornalísticos existentes estavam de modo geral montados para absorver o noticiário comum e não para a veiculação de grandes reportagens investigativas.

Alguns meses antes, em março de 2006, o *Fantástico* havia rompido com o seu encadeamento ordinário para veicular "Falcão — Os Meninos do Tráfico", uma matéria de 58 minutos carpida pelo editor Frederico Neves, o Fred, e pelo produtor Carlos Eduardo Salgueiro, o Cadu, a partir de um material inédito e poderoso sobre os garotos que trabalhavam no tráfico de drogas. As imagens brutas de "Falcão" haviam sido geradas e fornecidas à TV Globo pelo rapper MV Bill, pelo seu empresário, Celso Athayde, e pela Central Única das Favelas (Cufa). A reportagem ocupou metade do tempo editorial do programa. Um primor de jornalismo que catalisou os olhares do país, marcou época e ganhou vários prêmios.

Aquele era o conteúdo que eu imaginava. Para pautar a investigação jornalística brasileira e ao mesmo tempo ser a grande vitrine para essa produção no país, fosse ela realizada pela própria emissora ou por produtores independentes. Já dera certo. Muito certo. Por que não investir nesse caminho?

Ouvi que no *Globo Repórter* não se podia errar. O programa tinha uma média de audiência confortável, entre 30 e 35 pontos. E como era monotemático, um tiro n'água levaria o barco para o fundo de uma vez só. Aí, para recuperar, só na outra semana. Então não era o melhor lugar para eu treinar a minha mão em TV. Isto posto, Schroder me ofereceu duas alternativas. Uma, o *Fantástico*. Outra, o G1.

A resposta da TV Globo à ausência de espaço para o jornalismo investigativo veio a ser dada, de alguma forma, pelo *Profissão Repórter*, projeto de Caco Barcellos, um dos mais importantes repórteres da emissora. Ainda que, naquele início de jornada, os jovens repórteres dividissem o interesse editorial e as luzes das câmeras com a notícia em si, dando ao programa um certo ar de *reality show* ou de programa de calouros, esmaecendo um pouco o foco na investigação. E ainda que a pauta nem sempre se ativesse ao grande assunto da semana a ser decupado jornalisticamente. O *Profissão Repórter* começou como quadro no *Fantástico*, em 2006, e evoluiu em 2008 para voo solo como atração independente na grade da emissora.

Talvez eu devesse ter sido mais enfático na venda da minha ideia a Schroder, em vez de abrir mão dela ao primeiro sinal de que não era disso que ele queria falar. É um equívoco não se posicionar para não correr o risco de desagradar o interlocutor. Ao se deixar guiar unicamente por aquilo que você supõe ser a expectativa do outro, você não mostra a si mesmo. E com medo de decepcionar, você acaba escondendo o que tem de melhor.

Numa entrevista de emprego você precisa ter a noção de que está ali, antes de tudo, para resolver um problema para o seu futuro empregador. Mas retirar seu coração da arena é sempre um erro. Inclusive porque mostrar um pouco de autoconfiança, de capacidade de argumentação e de disposição para defender o seu ponto de vista costuma contar pontos a favor — e não contra. Ao menos em ambientes onde vale a pena trabalhar. Talvez haja situações em que você garanta a contratação precisamente pela docilidade com que desiste de suas convicções. Mas quem quer entrar num barco pagando esse preço?

De um lado, Schroder me oferecia o *Fantástico*, a revista semanal de domingo da emissora, um dos pilares da programação da TV Globo. O *Fantástico* tinha dezenas de reportagens a cada edição — o que diluía o risco para um editor novato em televisão. O programa, ele dizia, era uma grande escola. Eu passaria um ano lá, aprendendo a fazer TV, e depois veríamos onde eu seria alocado em definitivo.

Ao lado disso, o *Fantástico* estava lutando para manter viva a sua relevância para as novas gerações de telespectadores. O programa envelhecia junto com a audiência conquistada no passado e enfrentava dificuldades para se renovar. Talvez a minha experiência na gestão bem-sucedida de conteúdos para o público jovem, na Abril, estivesse finalmente cumprindo seu papel de me credenciar àquele desafio.

A vaga que me foi oferecida no *Fantástico* era a de chefe de redação. O *Fantástico* tinha duas redações. Uma no Rio, com mais ou menos 30 pessoas, e outra em São Paulo, com mais ou menos 15. Eu seria o segundo na hierarquia, no Rio de Janeiro. E teria um par em São Paulo, Álvaro Pereira Jr. Ambos nos reportaríamos diretamente ao diretor do programa, Luiz Nascimento.

De outro lado, havia a opção de dirigir o G1, a área de notícias da Globo.com. O portal não se subordinava à TV e era a face digital das Organizações Globo, a marca com a qual a empresa se posicionou rapidamente como um dos principais portais de internet no Brasil, apesar de ter largado com quase 10 anos de atraso em relação aos principais competidores. (A própria TV Globo, vale lembrar, foi criada 15 anos depois da inauguração da televisão no Brasil. As emissoras líderes, em 1965, quando a TV Globo foi ao ar, eram a TV Tupi, de 1950, a TV Record, de 1953, a TV Rio, de 1955, e a TV Excelsior, de 1960.)

A montagem do G1 havia sido confiada ao jornalismo da TV Globo e não à Globo.com — portanto, era antes o braço digital da CGJ do que o braço noticioso do portal. E era um projeto ambicioso: produzir o melhor e maior site de notícias da internet brasileira.

Álvaro Pereira Jr., o chefe de redação do *Fantástico* em São Paulo, foi encarregado por Schroder de montar o G1. E estava a um passo de entregá-lo, naquele segundo semestre de 2006. Álvaro tinha desenvolvido boa parte de sua carreira no universo da *Folha de S.Paulo*, tendo chegado a exercer o cargo de editor-chefe do jornal *Notícias Populares*, o *NP*. Álvaro estava na TV Globo há uma década e era o segundo homem na hierarquia do *Fantástico*, o braço direito de Luiz Nascimento.

Schroder me encaminhou para um encontro com Luiz Nascimento, que aconteceria assim que ele voltasse da Copa. Além de dirigir o *Fantástico*, Luizinho, como era chamado, era o jornalista que chefiava todas as grandes transmissões esportivas da casa. Com mais de 30 anos de TV, ele havia passado por Esportes antes de assumir o *Fantástico*, há quase 15 anos. Era tido como o jornalista que mais entendia de televisão na TV Globo — rivalizando com o próprio Schroder na fama de dominar tecnicamente o veículo. Com esse prestígio, Luizinho deixava o *Fantástico*, em Copas do Mundo e Olimpíadas, se mudava para o país sede e de lá dirigia toda a transmissão do evento.

Luizinho também estivera por trás de uma das reportagens mais marcantes do telejornalismo esportivo brasileiro: o árbitro José Roberto Wright apitara um Flamengo e Vasco, em 1982, no Maracanã, com um microfone colado ao corpo, com o qual gravara secretamente as conversas que travava com os jogadores dentro de campo. Aquela era uma lembrança indelével na minha memória televisiva. Seria ótimo começar em televisão trabalhando com Luizinho. Eu tinha muito a aprender com ele.

(Seria perfeito — e imparcial — se aquela gravação tivesse sido feita também sem o conhecimento do árbitro. Esse efeito só seria alcançado quase 25 anos depois, na Copa de 2006, também com a assinatura de Luizinho, só que agora no *Fantástico*, com a ajuda da leitura labial, tendo o técnico Carlos Alberto Parreira, além de outros membros da Seleção Brasileira, como objeto da perscrutação sonora.)

Na ausência de Luizinho, e também por sugestão de Schroder, fui conhecer Álvaro. Falamos do *Fantástico*, do G1, do trabalho na TV Globo, do trabalho em televisão, de aparecer no vídeo e de atuar nos bastidores. Falei um pouco de mim e da minha carreira. Álvaro falou um pouco dele e da sua. Falamos de nossas vidas e de nossas famílias, lembramos um pouco de amigos em comum e de pessoas que haviam, em momentos distintos, trabalhado conosco. Álvaro, alguns anos mais velho que eu, era um sujeito inteligente, articulado, seguro de si.

O G1, que acabou se transformando num enorme sucesso, estava pronto para estrear. Álvaro tinha montado tudo, contratado o time, desenhado os processos, negociado em vários níveis com a Globo.com. Ele tinha, por um tempo, para dar conta dessa tarefa, se afastado parcialmente do *Fantástico*. Mas não ficaria para tocar o G1 — estava decidido a voltar para a televisão. Então estava à procura de um sucessor.

Em minha análise, o G1 envolvia *hard news* — no jargão jornalístico, o noticiário de última hora, mais objetivo e factual, feito com as notícias mais recentes. E essa não era a minha praia. Eu vinha de revista, não de jornal. Além disso, o G1 acontecia na internet, ambiente em que eu só havia atuado de modo periférico até então. Sobretudo, era televisão o que havia me atraído nas Organizações Globo. Aquele era o meu interesse principal. Então optei pelo *Fantástico*.

Quando Luizinho voltou da Copa, fui ao Rio encontrá-lo. Disse a ele tudo que tinha dito a Schroder. Ele me ouvia em silêncio, de modo paciente. Sem aparentar entusiasmo, mas não sem interesse. Tinha às vezes o ar cansado, e parecia um pouco distante. Entendi que ele era um homem reservado. E que aquele era o seu jeito de conduzir uma conversa — com poucas palavras. Simpatizei com ele.

Luizinho usava um anel de prata meio hippie no dedão, roupas informais, cabelo e barba grisalhos. Era uns 20 anos mais velho do que eu e parecia um pouco como aquele tio vivido e viajado, que ouve mais do que fala, e que todo mundo gostaria de ter, para escutar de vez em quando um conselho marinado em experiência, uma dica prática sobre a vida ou uma reminiscência exemplar.

Luizinho tinha também o *physique du role* de um egresso da *intelligentsia* carioca dos anos 60 e 70, daquela classe média instruída, politizada e festiva que lia o *Pasquim*, frequentava o Jangadeiro e o Antonio's, e cultivava o astral meio boêmio, meio bicho-grilo, meio intelectual, meio contracultura, meio de esquerda, de uma Ipanema mítica que não existe mais. Enfim, como eu disse, simpatizei com ele.

Schroder me disse depois que Luizinho também havia gostado do encontro. E que havia dois pontos que precisaríamos afinar para finalizarmos a negociação daquilo que ele passou a chamar em alguns e-mails de "Projeto A" (e que eu respondia chamando de "Projeto F"): primeiro, a minha remuneração. Segundo, a obrigatoriedade da minha mudança para o Rio.

Na Abril, eu era diretor de Núcleo. Enquanto na TV Globo seria chefe de redação. De fato, havia aí uma lacuna financeira — que eu estava disposto a ajudar a mitigar.

De modo geral, a Abril oferecia um salário inicial maior e uma média salarial mais alta. A TV Globo tinha um teto salarial mais elástico — especialmente para as estrelas. E enquanto a TV Globo privilegiava a remuneração em dinheiro, a Abril oferecia um pacote de benefícios mais farto — especialmente para os executivos.

Era o momento de tomar uma decisão com minha mulher. Ela não simpatizava com a ideia de sair de São Paulo, de perto da sua família, onde tínhamos uma vida montada. Meus filhos, um casal de gêmeos, tinham na época pouco mais de seis meses de vida. Isso alterava um bocado a nossa sensibilidade ao risco, nossas percepções a respeito de quesitos como segurança e estabilidade.

Ela estava feliz por mim. Era solidária com aquela minha necessidade de mudança. E também reconhecia o óbvio — nenhum jornalista, naquele momento, recusaria o convite para ser chefe de redação do *Fantástico*. Era uma oportunidade atraente demais para ser declinada. Especialmente considerando a alternativa, que era continuar trabalhando sem alegria. Ela também queria voltar a ter um marido mais leve e sorridente. E um pai mais ensolarado para seus filhos.

Do meu lado, era difícil conviver com a ideia de que ela faria, em meu benefício, algo contra a sua vontade. Morar no Rio jamais tinha feito parte dos seus planos. Por fim, decidimos topar a experiência. Passamos a encará-la como uma aventura. Sabíamos que não aceitar aquele convite geraria um "E se..." eterno em nossa vida. Estabelecemos então que ficaríamos no Rio por cinco anos. Esse era o prazo que nos dávamos para explorar aquela oportunidade. Depois, repensaríamos o próximo passo.

Tive um último encontro com Schroder, em São Paulo. Ali selamos a minha contratação. A TV Globo me ofereceria um auxílio de relocação — hotel e passagens aéreas nos primeiros meses, participação no aluguel de um imóvel nos primeiros dois anos. E estávamos fechados. Eu comunicaria minha decisão à Abril e começaria a participar em seguida das primeiras reuniões com o time do *Fantástico* no Rio.

O que só viria a perceber depois é que eu não seria um elemento fácil de acomodar na estrutura funcional da TV Globo. Para usar um jargão do mercado de ações, eu era um ativo que estava entrando alavancado na carteira do comprador. Uma aquisição que precisaria começar a dar retorno rápido. Se eu não começasse a render dividendos logo, corria o risco de começar a ser visto como um mau investimento. Eu carregaria comigo a sombra dessa desconfiança, e o peso dessa aposta de risco, por todo o tempo em que estive por lá.

Deixei a Abril em novembro de 2006, depois de quase uma década de aprendizagens, alegrias, conquistas, crescimento e reconhecimento. Havia entrado lá como um jovem promissor de 27 anos e saía aos 35, com uma obra construída que me deixava orgulhoso. E com a sensação tanto de dever cumprido quanto de que era mesmo a hora de partir. A Abril, que havia sido a minha escola e a minha casa, foi generosa comigo na saída. E suficientemente compreensiva, até onde eu conseguia enxergar, com a minha necessidade de alçar voo.

Um amigo meu, carioca radicado em São Paulo, quando soube que eu estava indo morar no Rio e trabalhar na TV Globo, me sorriu largo, bateu no meu ombro e disse, com aquela saudade de casa que, segundo Nelson Rodrigues, todo carioca sente já ao atravessar o Túnel Rebouças, o que ele considerava um dia perfeito no Rio: num domingo de sol, acordar de manhãzinha, tomar um café da manhã no Cafeína, ficar na praia com a galera, pegando onda, até o início da tarde, tomar um banho de cachoeira na Floresta da Tijuca para tirar o sal, almoçar no Celeiro, pegar um jogo no fim da tarde no Maracanã e depois ir para um boteco no Baixo Leblon tomar um chope com os amigos até o final da noite. Uau!

Ao entrar na TV Globo pela primeira vez, ainda em São Paulo, como funcionário recém-contratado, para a assinatura dos papéis, experimentava uma sensação revigorante, muito gostosa, de recomeço, de frescor, de afirmação. Uma diretora de RH me disse, ao me conhecer pessoalmente — "Você tem a cara da TV Globo". Era um elogio, com intenção de acolhimento, que eu aceitei sem esconder a felicidade que sentia por estar outra vez entusiasmado com o trabalho.

Eu estava chegando ao topo da profissão. O mundo era meu. Tudo, até onde a vista alcançava, estava ao meu alcance. Meu sentimento era mais ou menos esse: "Agora faço parte da TV Globo. Sou chefe de redação do *Fantástico*. Vou morar no Rio. Minha carreira está completa. Minha vida está ganha. Eu cheguei lá."

2

Alguns anos antes, uma alta executiva paulistana, que há muito tempo morava e trabalhava no Rio, me disse ao final de uma reunião que enxergava na Editora Abril um tom de voz circunscrito às lentes de São Paulo, enquanto a TV Globo, para ela, conseguia ter um timbre mais nacional, ao captar a alma brasileira a partir de uma antena que traduzia melhor a diversidade de sotaques, cores, jeitos, paladares e temperaturas do país.

Talvez o Rio fosse mesmo um espelho mais fiel do Brasil do que São Paulo. E talvez a TV Globo, como mídia de massa, tivesse mesmo construído ao longo dos anos um tom de voz mais abrangente, para abarcar todos os brasileiros — enquanto a Abril, com sua mídia segmentada, tivesse se especializado em representar a classe média urbana do país, epitomizada pela elite paulistana. Eu estava prestes a testar aquela tese.

O Rio de Janeiro é uma cidade bem dura e real, de um lado. E absolutamente mágica e mítica, de outro. A maioria dos brasileiros sonha um pouco com o ideal de vida carioca. Se Hollywood tem vendido o estilo de vida americano para o mundo há muitas décadas, a TV Globo tem nos vendido o Rio. Somos todos cariocas vocacionais.

Eu, particularmente, tenho a nostalgia de um Rio que não existe mais: o Rio boêmio e culturalmente efervescente dos anos 60 e 70. O Rio de Tom e Vinícius, de Nelson Rodrigues e dos cronistas mineiros Fernando Sabino, Paulo Mendes Campos e Otto Lara Resende (este, um dos fundadores da TV Globo), o Rio de Cartola e Garrincha, de Drummond e Rubem Braga, de Paulinho da Viola e Martinho da Vila, de Menescal e Bôscoli, de Millôr, Jaguar e Ziraldo.

Toda vez que viajo para lá tento encontrar esse Rio lírico, do chope e das comidinhas de boteco, do Veloso e do Zeppelin, do mate com limão e biscoito de polvilho na praia, do Píer e das Dunas da Gal, do morro que ainda não tinha sido totalmente apartado da municipalidade (ou que ainda não tinha decidido abrir um caminho próprio à bala e à margem da lei). O Rio das favelas que ainda não tinham perdido inteiramente a sua dignidade (ou que ainda não tinham decidido abraçar abertamente o caos) e virado zona de guerra.

O Rio dos subúrbios que ainda eram lugares de serestas e de malandragem romântica, de rodas de samba e de pagode, de famílias na calçada. Em que a ética hegemônica ainda era a do trabalho e não a do crime. (Mesmo o mito da vagabundagem cabia dentro da ética do trabalho, como sua antítese. E os bandidos remetiam a uma navalha no bolso e um sapato bicolor — e não a gente sendo queimada viva dentro de pneus nem a artilharia antiaérea.)

Nem sei se esse Rio que me comove existiu de fato. O que sei é que ele existe dentro de mim. Um Rio multicolorido, charmoso, ponta de lança da civilização brasileira, sensual como o sotaque do seu povo bronzeado e pouco vestido. Um Rio tépido, de entardeceres que enlaçam como em nenhum outro lugar, e de noites quentes que convidam a adiar o sono e a celebrar a vida. Uma cidade maravilhosa que recebia bem, de modo macio, de frente para o mar, com brisa boa no rosto, gaúchos, baianos, capixabas, paulistas, pernambucanos — quem para lá decidisse levar seus talentos e contribuições, seus sonhos e paixões.

Procuro sempre por vestígios desse Rio romântico de Zico e Dinamite nas tardes de domingo no Maracanã, de Renato Aragão e sua trupe gravando TrapaSwat nas ruas ainda ingênuas da cidade. Um Rio de Chico e Caetano, de Roberto e Erasmo, de Chico Anysio e Jô Soares — todos ainda jovens, ícones em construção. Um Rio incorpóreo, impresso nas memórias afetivas de Ruy Castro e Nelson Motta, no suingue quente de Tim Maia e Jorge Benjor. (Embora Vinícius, em 1974, já sentisse saudade de outro Rio, anterior ao meu Rio onírico, igualmente tragado pelo tempo, que o poetinha localizava lá pelos anos 50.)

Aliás: você já foi, seguindo a canção, até a "rua Nascimento e Silva, 107", para ver *in loco* onde Elizeth Cardoso aprendeu as canções de "Canção do Amor Demais"? Eu já.

A TV Globo, ela própria uma protagonista daquela época, também tinha para mim um enorme apelo nostálgico. Eu chegava olhando para a frente, com vontade de dar minha contribuição ao *Fantástico*. Mas carregava comigo boa dose de veneração pelo passado da emissora. A história da TV Globo perpassa de modo afetivo a vida de quase todo brasileiro. Não apenas por todos os símbolos culturais que gerou ao longo do caminho, a partir da sua programação, e que estão impressos em cada um de nós — mas também pela mitologia gerada por sua trajetória empresarial, uma das mais icônicas do mundo corporativo brasileiro.

Trata-se de uma bela saga. Vivida principalmente pela primeira geração de construtores da emissora, encabeçada por Joe Wallach, Walter Clark e Boni. Com Daniel Filho e Janete Clair, Borjalo e Hans Donner, Renato e Edwaldo Pacote, João Araújo e Nelson Motta, Armando Nogueira e Alice Maria, Mauro Salles e Clemente Neto, Homero Icaza Sánchez e João Carlos Magaldi, José Ulisses Arce, José Octavio de Castro Neves e Adilson Pontes Malta, Carlos Manga e Gloria Magadan, Max Nunes e Haroldo Barbosa.

Empresas não são nada além das pessoas que as compõem. E a TV Globo montou um time de pessoas certas, com as competências certas, na hora certa, diante da oportunidade certa. Quando um alinhamento histórico desse calibre acontece (e é raro que aconteça), faz-se a luz. Aqueles profissionais eram bons no que faziam, se complementavam, estavam acertando a mão (a imensa maioria das coisas em que se metiam dava certo). Viviam ali o auge de suas carreiras, se divertiam no trabalho e fora dele, ganhavam bem, tinham carisma. Trabalharam muito e desfrutaram muito também (não sem os percalços e as rusgas de praxe, é claro). E souberam construir coletivamente uma obra imensa, maior do que eles.

Com o ciclo virtuoso que engataram, e com o patamar de êxito que atingiram, acabaram criando vários legados. Um deles, a comprovação de que só é possível ter sucesso quando se está feliz. Ninguém consegue agradar os outros quando está desagradado. Isso vale para qualquer ramo — mas é especialmente verdadeiro na indústria da comunicação. Nós costumamos pensar que aquele sujeito bem-sucedido está sorrindo pelas conquistas que realizou. Mas geralmente é o contrário: ele só realizou conquistas e se tornou bem-sucedido *porque* estava sorrindo ao longo do caminho.

Foi assim que se construiu ao redor dos fundadores da TV Globo esse momento mágico chamado "sucesso". Trata-se de uma brecha no tempo em que as peças encaixam, em que a inércia joga a favor, em que a engrenagem funciona à perfeição. É sensacional e costuma durar pouco — para eles durou bastante. E é um fenômeno raro: a maioria das pessoas vive uma vida inteira e não tem a chance de experimentar essa sensação. Aconteceu de modo exuberante com aqueles profissionais. Ao longo de três décadas, eles se tornaram famosos, poderosos e influentes. E, é claro, admirados e temidos, amados e odiados, na mesma proporção.

A aventura empresarial, executiva, artística e jornalística ímpar que essa turma viveu naqueles primeiros anos de TV Globo se expressa em atrações inesquecíveis, que influenciaram o olhar, o vocabulário e a sensibilidade de algumas gerações de brasileiros, incluindo a minha. Foram novelas, shows, programas humorísticos, festivais, programas infantis, programas de auditório, filmes, séries, reportagens, coberturas esportivas e discos com trilhas sonoras que pautaram o olhar e marcaram a vida de muitos de nós.

A TV Globo foi uma surpresa que mesmerizou o Brasil. E que foi influente a ponto, por exemplo, de transformar uma música de nicho, *Freedom of Expression*, de uma banda obscura (e fictícia) chamada Jim Bowens Pickers, num tema que milhões de brasileiros de várias idades reconhecem prontamente ao ouvir os primeiros acordes — e que identificam como a trilha do *Globo Repórter*, programa que estreou em 3 de abril de 1973.

Fato semelhante aconteceu com o tema de abertura do *Esporte Espetacular*, que está no ar desde 8 de dezembro de 1973. Trata-se de *Dr. Jeckle and Hyde Park*, uma faixa da Carnaby Street Pop Orchestra and Choir, lançada em 1969, no único LP desse conjunto inglês. A vida ganhava trilha sonora. Havia emoções que nos eram propostas por meio de temas musicais, e que se tornavam nossas, e que pontuavam nossas vidas — muito mais do que apenas a programação de uma emissora de televisão.

Em 1960, o compositor americano Frank De Vol compôs *The Fuzz*, faixa utilizada na trilha do filme *The Happening* ("Acontece Cada Coisa"), de 1967. Desde 1º de setembro de 1969, no entanto, os brasileiros associam os acordes de De Vol à escalada no

Jornal Nacional. Anos mais tarde, a faixa *Don't Stop 'til You Get Enough* se tornaria mais conhecida no Brasil do que o próprio Michael Jackson, seu autor, por conta da abertura do *Vídeo Show*, programa que estreou em 20 de março de 1983.

São trilhas que estão no ar há meio século — e que se tornaram íntimas dos brasileiros, uma tradução da personalidade e dos sentimentos que emanavam de cada programa, mesmo quando não haviam sido compostas originalmente com esse fim.

E havia as composições próprias, como é o caso de "Tema da Vitória", escrita pelo maestro Eduardo Souto Neto, e gravada pela banda Roupa Nova, em 1981, para uso nas transmissões da Fórmula 1 da emissora. Ou de "Um novo tempo", tema musical das mensagens de fim de ano da emissora, criado por Marcos Valle, Paulo Sérgio Valle e Nelson Motta, e lançado em 1971, num clipe com as principais estrelas da emissora.

O trio também comporia "Cinto de Inutilidades", tema do *Globo Cor Especial*, programa infantil exibido entre 2 de abril de 1973 e 4 de março de 1983. O programa chamava as crianças para assistirem aos desenhos animados coloridos, sublinhando a novidade da TV em cores. O foco em se posicionar como a novidade a ser descoberta e seguida, e em se credenciar como a emissora da nova geração, rompendo com o passado, estava claro já na letra do tema: "Não existe nada mais antigo/do que caubói que dá cem tiros de uma vez/A vó da gente deve ter saudade/do Zing! Pow!/Do cinto de inutilidades/No nosso mundo tudo é novo e colorido/Não tem lugar pra essa gente que já era/Morcego velho, bang-bang de mentira, vocês já eram/O nosso papo é alegria!"

É quase uma canção de protesto, no seu ataque à tradição, no questionamento do *status quo* vigente, aposentando sem sutilezas quem estava estabelecido até ali — velhos faroestes e, por algum motivo, Batman, foram tomados como exemplos. É quase um manifesto tropicalista, um desbunde hippie, um gesto iconoclasta de contracultura — cantado com doçura, embalado numa melodia infantil.

Outros símbolos da TV Globo se tornaram elementos da vida nacional, como o "plim-plim", prefixo sonoro criado em 1971 por Boni para marcar a passagem dos filmes para os intervalos comerciais (no início, era um "bip-bip" simples. Em 1974, o "plim-plim" ganhou o seu som característico, pelas mãos do músico Luiz Paulo Simas, que o aperfeiçoaria em 1979 para a sua versão definitiva, utilizada até hoje). Ou o top de 8 segundos, antes das transmissões em rede, criado em 1972. Ou ainda a escalada do Plantão Globo de Jornalismo, que estreou em 1982 e cuja trilha, criada pelo maestro João Nabuco em 1990, ao interromper a programação da emissora, até hoje coloca o país inteiro em alerta.

A TV Globo inovou no design também, principalmente com o trabalho do designer alemão Hans Donner, contratado por Walter Clark em 1975 — até ali a emissora não tinha um departamento de arte estruturado. Hans Donner, que estreou com a consolidação da TV em cores no país, e que reinaria pelas duas décadas seguintes com o uso da computação gráfica, modernizou o repertório visual do brasileiro, gerando um enorme diferencial competitivo para a TV Globo, por meio da criação de logotipos, vinhetas, paletas de cores, tipologias — a Globoface, a família de fontes tipográficas oficial da emissora, virou um padrão tão forte de mercado que chegou a ser utilizada por concorrentes —, aberturas e animações que conectaram o país a tendências globais de design.

E ainda há as dezenas de contribuições ao léxico e à prosódia de falantes da Língua Portuguesa, no Brasil e em outros países, mercê dos bordões e das expressões lançadas pelas novelas e pelos programas humorísticos da emissora.

Mais do que terem inventado uma tela para o Brasil, aqueles pioneiros inventaram um Brasil na tela. Na TV Globo nós éramos um país que ia para a frente — em que os conflitos eram resolvidos, em que havia um final feliz para as histórias. Na verdade, éramos um país jovem e ignorante, recém-urbanizado, vivendo sob uma ditadura — mas que, na tela, enxergava seus problemas matizados por uma voz conciliadora, e que olhava com esperanças para um futuro promissor, em que seríamos gigantes.

Éramos um país rural e malnutrido, cujas feições não eram necessariamente bonitas — mas que se via atraente e edulcorado, pela primeira vez em sua vida, naquele espelho mágico cheio de galãs e de namoradinhas vestindo as roupas da moda, dirigindo carros e falando em telefones, em cidades que não paravam de crescer. Éramos um país pobre e periférico que se encantava consigo mesmo ao se ver retratado no vídeo de modo charmoso, bem editado, com texto encadeado, com textura atraente, com locução bem imposta e trilha sonora contagiante, com luzes e enquadramentos de show.

O padrão Globo de qualidade era uma novidade nacional. Emprestava excelência estética e acabamento caprichado a um país mal-ajambrado. Nós nos víamos na TV Globo como gostaríamos de ser. Aquela fabricação se tornava uma verdade na qual adorávamos acreditar. Porque aquela imagem de nós mesmos era muito melhor do que a nossa realidade. Então aquela visão pertencia a um universo paralelo, virtual, que acontecia dentro da caixinha de sonhos — mas que era também "autêntica", porque nós queríamos que fosse assim.

A TV Globo ofereceu autoestima a um povo acostumado a ter vergonha de si mesmo. E inventou um padrão visual para o brasileiro que seduziu e acabou moldando, de verdade, boa parte do nosso povo. A emissora amalgamou a nação em torno dessa imagem. O Brasil passava a ter uma cara, e um jeito, vistos e comungados pela maioria da sua população.

A empresa inventou o que poderíamos chamar de "inclusão eletrônica" — a unificação do país ao redor de um aparelho de televisão. Uma nação conectada pelas salas de estar. Ninguém quis ficar de fora desse círculo. Ter um aparelho de televisão em casa não era mais um luxo — era uma obrigação. E não se tratava mais de um eletrodoméstico, mas de uma janela para o que estava acontecendo na cidade, no país e no mundo. Surgiam os temas nacionais, as grandes discussões, os grandes escândalos, as grandes polêmicas — numa escala que o rádio e o jornal nunca haviam conseguido engendrar. Ignorar a televisão implicaria à pessoa ter que se mudar para outro planeta e ficar sem assunto para conversar com o vizinho ou com os colegas.

Num país de maioria analfabeta, aquela informação curta e audiovisual, chegando gratuitamente dentro das casas, decidiu o jogo a favor do novo meio. A televisão nos distraía, nos levava para viajar, nos mostrava coisas que jamais tínhamos visto e lugares a que jamais teríamos acesso pessoalmente. A televisão resumia para a gente, mastigava a informação, pensava por nós. E tornava tudo mais fácil, bastava sentar no sofá que o resto ela fazia por nós, e de graça. Ao nos *mostrar* em vez de nos *contar*, a televisão nos eximia até de ter que imaginar ou interpretar. Por tudo isso, a telinha seduziu por aqui como talvez em nenhum outro lugar do mundo.

Grande parte dos brasileiros se refugiou na TV. A vida não era fácil e os anos se tornaram especialmente duros com o recrudescimento da ditadura militar na virada dos anos 60 para os 70. Ao lado disso, o crescimento econômico acontecia em um modelo concentrador de renda — o sonho da vida nas grandes cidades tinha um teto muito baixo e desconfortável para a maioria dos brasileiros. Essa falta de ar está expressa em canções como "Sinal Fechado", de Paulinho da Viola, 1970, "Construção", de Chico Buarque, 1971, "Cidadão", de Zé Geraldo, 1979, e "Admirável Gado Novo", de Zé Ramalho, 1979.

À urbanização seguiu-se um desencanto com a aspereza da vida nas metrópoles, e um sentimento nostálgico do interior, um desejo romântico de volta ao campo. Esse idílio, como recusa do modelo vigente ou como um desejo de retorno a uma existência mais simples, está expresso em músicas como "Casa no Campo", de Zé Rodrix, 1971, "O Portão", 1974, e "Além do Horizonte", 1975, de Roberto Carlos, "Moro Onde Não Mora Ninguém", de Agepê, 1975, "Na Sombra de uma Árvore" e "Na Rua, na Chuva, na Fazenda", de Hyldon, 1975, "Meu Mundo e Nada Mais", de Guilherme Arantes, 1976, e "Casinha Branca", de Gilson, 1976.

A televisão também oferecia um escape para aquelas agruras. Ofertava conforto a um país agastado e em transe. Não na forma de uma fuga das cidades, mas como uma versão edulcorada daquele sonho brasileiro de progresso. A TV Globo se posicionou como uma ótima companhia, sempre alegre, agradável, confiante, confiável, calmante. Estava sempre disponível para encher o tempo e para esvaziar a cabeça, entregando entretenimento quase a qualquer hora do dia ou da noite. Não tardou muito e na maioria das casas a televisão passou a ficar ligada o tempo todo, como um convidado bem-vindo e bem-humorado, com cujo alto astral e com cuja conversa atraente, especialmente concebidos para encantar cada um dos integrantes da família, se podia contar sempre.

A TV Globo conquistou o Brasil ao sorrir para ele — e ao fazê-lo sorrir. A emissora encontrou, e explorou essa capacidade ao longo de muitos anos, um ponto médio agradável para falar com todos nós — intelectuais e iletrados, ricos e pobres, homens e mulheres, jovens e velhos, gente da cidade e gente do campo, do litoral e do interior. A TV Globo soube se relacionar com as particularidades da nossa moralidade, com as idiossincrasias da nossa ética, com as brechas em nossos jeitos de pensar e de fazer. Assim se conectou ao coração dos brasileiros.

Por tudo isso, em pouco tempo, a TV Globo se transformou numa ponte obrigatória para quem quisesse falar com a população brasileira. Ela dava acesso direto ao interior das casas de milhões de famílias. E lá abria um palco maravilhoso, propício como nenhum outro à exposição de produtos em escala industrial — e nacional.

A TV Globo se posicionava para ser a grande vitrine do mercado de massas que começava a se desenvolver no Brasil. Era para ali que as marcas, os cantores, os políticos, quem quer que tivesse alguma coisa a vender, acorriam para falar com o grande público. Era ali que todo mundo se encontrava. Compradores e vendedores, artistas e espectadores, empresas e consumidores, governantes e população. (Ia grafar "candidatos e eleitores", mas não os tivemos durante a maior parte daqueles anos de construção da TV Globo.)

Poucas aventuras televisionadas pela TV Globo foram tão prazerosas de acompanhar quanto a saga protagonizada pela própria emissora em sua ascensão para o lugar de liderança absoluta que ocuparia durante muitos anos na mídia brasileira. A TV Globo é uma das poucas empresas nacionais que lograram se transformar numa *lovebrand*. A emissora gerou uma mitologia própria. Por tudo isso, ao chegar ao *Fantástico*, eu tinha muito claro o quanto estávamos sentados sobre os ombros de gigantes. Eu adentrava o recinto inevitavelmente encantado com a oportunidade de me conectar àquela história. E de levá-la adiante.

(*Lovebrands* são marcas seguidas por uma legião de consumidores fiéis que tem com elas uma relação emocional. São marcas que têm fãs e embaixadores em vez de consumidores. E seguidores que advogam a seu favor, com fervor, e que as defendem e mantêm com eles um relacionamento íntimo de influência, de encanto e de reverência. São marcas *sexy* que viram referência e muitas vezes se tornam sinônimas das categorias em que atuam. São marcas que ocupam um espaço muito maior dentro da gente, no nosso imaginário, do que no mundo real. São marcas mágicas, muito mais encantadoras do que as empresas que estão por trás delas.)

Quando você começa a trabalhar para marcas que lhe causam fascínio como consumidor, é preciso saber distinguir a visão de fã, de quem está de fora, da experiência do funcionário, que passa a ver tudo de dentro. O que é um desafio para o profissional. E também para a empresa.

Será que a Disney que, ainda mais do que a TV Globo, vive de fazer sonhar e do arrebatamento que provoca em seus públicos, consegue manter vivo o sonho e o encanto nos fãs quando eles se transformam em funcionários? O que acontece quando um seguidor da Apple vai trabalhar na sede da empresa, em Cupertino, na Califórnia? Ou quando uma amante da Louis Vuitton vira funcionária da LVHM, em Paris? É possível manter acesa, dentro da empresa, entre o público interno, a magia gerada lá fora, nos consumidores? Ou por outra: como manter a mágica viva lá fora, quando ela deixa de existir internamente?

Em janeiro de 2007 essa era uma preocupação que eu não tinha. Em meu primeiro mês de trabalho na emissora, compareci no Rio, com minha mulher, à festa de aniversário de Schroder. Ele receberia algumas pessoas em sua casa e eu estava entre os convidados. Uma baita honra para mim.

Além de sermos gaúchos e de torcermos para o mesmo time, Schroder e eu estudamos na mesma escola, em épocas distintas, no interior do Rio Grande do Sul. Doze anos mais velho que eu, Schroder começou sua carreira em Porto Alegre, no início dos anos 80. Veio para a TV Globo em meados daquela década, iniciando sua trajetória vitoriosa na emissora, como produtor e como editor, tendo passado por posições como editor-chefe do *Jornal Hoje*, editor de Assuntos Nacionais do *Jornal Nacional* e diretor de produção da emissora — antes de chegar ao primeiro posto do Jornalismo, em 2001, e à Direção-Geral da emissora, em 2012.

Ter me chamado para a sua festa foi um gesto muito simpático. Schroder sinalizava a todos que eu estava sendo incorporado à turma. Fui tratado com cortesia por todo mundo. No entanto, me sentia um pouco como o personagem de Peter Sellers em *Um Convidado Bem Trapalhão*, filme de Blake Edwards. Não porque tenha destruído a casa do anfitrião ou jogado um frango assado sobre o penteado de uma das convidadas, mas por uma indelével sensação de deslocamento. Como o hindu interpretado por Sellers, um figurante entre protagonistas. Eu estava ali. Prestando a atenção em tudo. Curtindo aquilo. Tentando me misturar. Mas não me sentia *dali*. Esse é um sentimento do qual nunca consegui me livrar em meus dias no Rio, apesar das minhas mais sinceras intenções de pertencimento e de meus recorrentes gestos de entrega.

Foi na festa de Schroder que comecei a conhecer a verve humorística de William Bonner. Ele é um contador de histórias, um sedutor, um *showman*. Bonner cadenciava a voz, íntima de todos os brasileiros, e ia tirando vantagem do interesse inevitável que paira sobre ele nos ambientes em que está de corpo presente. Afinal, antes de ser ele mesmo, para a maioria de nós, Bonner era aquele busto emoldurado, aquele tom de voz grave, aquela reserva de credibilidade e de gravatas bem escolhidas. (Em 2007 ele ainda não caminhava pelo estúdio nem mostrava no ar o tom mais solto que viria a adotar a partir de 2015 na condução do *Jornal Nacional*.) Então, quando ele surgia ao vivo, em mangas de camisa, descontraído, como uma versão contraintuitiva do ícone que estávamos acostumados a ver na tela, ele catalisava as atenções.

Bonner tinha a consciência exata do tamanho do mito que carregava consigo e jogava muito bem com isso, humanizando-se diante das pessoas, desconstruindo lentamente sua persona televisiva, revelando-se um cara leve e brincalhão. Ele era um grande ator. Lançava mão do personagem que criara para si com grande competência, inclusive na hora de se despir dele.

Bonner gostava de ganhar o interlocutor por mérito e não simplesmente se impondo diante dele — coisa que seria fácil para ele, e uma prática comum a muitas celebridades. Ele não tomava o centro das atenções de assalto, de modo presunçoso, levantando a voz ou exagerando nos gestos, como se o holofote e o palco fossem seus por direito compulsório.

Ao contrário: Bonner se dedicava a conquistar os presentes na maciota, um a um, com bom humor, com autoironia, sem estridências. Era uma piada infalível ouvir William Bonner tirando uma com a cara de William Bonner. Ri bastante com ele aquela noite. E tivemos, de resto, uma boa relação ao longo do tempo em que laborei por lá.

Aquela foi também a noite em que conheci Fátima Bernardes e sua imensa simpatia. Ela ainda dividia a bancada do *Jornal Nacional* — e o casamento — com Bonner. Sabe aquela imagem de mulher bonita, inteligente, que sabe abrir um sorriso sem parecer tola, que sabe ser grave sem parecer chata, que amadurece sem perder o frescor, que equilibra de modo ímpar a maternidade e a feminilidade, a competência e a espontaneidade, o bom humor e o rigor, a técnica e o improviso, a rua e o estúdio? Pois é. Fátima, pessoalmente, era exatamente tudo isso que aparentava ser na tela do *JN*.

Era um pouco como se ela não tivesse criado uma persona televisiva, mas continuasse sendo ela mesma, de cara limpa, no vídeo e fora dele, sozinha em casa tomando um copo d'água na cozinha ou entrevistando o presidente da República ao vivo diante de milhões de telespectadores. Ou talvez Fátima tivesse, sim, construído para si uma persona de antiestrelismo e simpatia, de acessibilidade e companheirismo, e tivesse sido tão bem-sucedida nisso que a coisa mais lógica a fazer fosse assumir aquelas características em tempo integral.

Seja como for, Fátima era uma unanimidade positiva entre quem a conhecia. E uma das pessoas mais agradáveis com quem cruzei por lá. Fátima deixou o *Jornal Nacional* em dezembro de 2011 e estreou no Entretenimento, do comando do seu programa matinal, *Encontro com Fátima Bernardes*, em junho de 2012.

Em seguida, fomos embora. Voltaríamos a São Paulo no dia seguinte. A rotina de hotel se tornaria uma constante para mim e para minha mulher naquele início de ano. Eu ia para o Rio toda terça de manhã, para a reunião de pauta do *Fantástico*, e voltava a São Paulo na sexta à noite. A rotina de Ponte Aérea se intensificou quando passei a integrar o time de fechamento do programa. Semana sim, semana não, eu voltava na própria terça para São Paulo e depois voava de novo para o Rio na quinta, voltando para casa só na segunda da outra semana pela manhã. Para terça já estar de volta ao Jardim Botânico.

(Fechamento é o processo final da produção editorial, a última etapa da edição antes da publicação. É a hora do acabamento, dos ajustes, quando as peças jornalísticas são aprovadas e ficam prontas para serem apresentadas ao público.)

Minha mulher se ocupou, junto comigo, de procurar apartamento no Rio. Fomos descobrindo juntos como era caro morar na cidade, como os imóveis eram de modo geral alquebrados e como era excruciantemente quente fazer qualquer coisa ao ar livre no Rio, longe do ar-condicionado, em janeiro, sob o sol de verão, mesmo que logo cedo pela manhã. (Em especial peregrinar pela cidade visitando imóveis.)

Fomos percebendo também o que significava, no Rio, trabalhar para a TV Globo. O crachá da empresa valia mais do que um fiador ou do que um atestado de bons antecedentes. Fazer parte da TV Globo era garantia de estar no topo, de fazer parte de um clube fechado.

Para compreender isso talvez seja preciso tentar entender um pouco o Rio e o papel que a TV Globo ocupava no imaginário da cidade. O que segue é uma tentativa. O Rio de Janeiro, entre 1808, com a chegada de Dom João VI ao país, e 1960, com a inauguração de Brasília, viveu um século e meio de flerte com a concentração, em seu seio, do poder político e econômico em uma nação agrária, atrasada e pobre. Primeiro, como sede do Império. Depois, como capital da República.

Ao longo desse tempo, o Rio aprendeu a amar a si próprio, como centro cultural e urbano do Brasil. (E foi estimulado na construção dessa autoestima pelo resto do país — e por grande parte do mundo.) De frente para o mar, olhando para a Europa, o Rio sempre esteve mais próximo, imageticamente, de Paris do que de Campo Grande ou de Teresina. O Rio tem mais laços consanguíneos com Lisboa (assim como com Lagos e Luanda) do que com Goiânia ou Cuiabá.

O Rio também aprendeu, ao longo de gerações, a se relacionar com o Estado. Durante décadas, para grande parte das pessoas, era mais importante ter boas conexões nas repartições certas, porque era ali que a vida era decidida e encaminhada, do que ter boas ideias de negócios. Fazia muito mais sentido conseguir um emprego público do que inventar um novo produto ou serviço no setor privado. O mercado era incipiente, o vasto interior brasileiro era selvagem e era daquele modo cortesão que os lugares ao sol eram distribuídos — à sombra de um Imperador e, depois, dos presidentes, e de toda a malha de poder que derivava deles.

Como resultado, por muitos anos, parte da sociedade carioca se organizou em castas, ao redor de privilégios e de relações baseadas na troca de favores econômicos e políticos entre sobrenomes tradicionais. Tratava-se de uma postura excludente, que em vez de buscar a expansão do mercado, com a inclusão de novos consumidores, calcava-se na manutenção de antigos privilégios de classe intactos, restritos a uns poucos — gerando, como subproduto, a exclusão de muitos outros. Essa é a história do Brasil, claro. Mas no Rio ela parecia mais evidente.

Havia várias décadas, o Rio não era mais o centro econômico do país, que migrara para São Paulo. Nem o centro político, deslocado para Brasília. Essa quebra no alicerce sobre o qual várias rotinas estavam montadas há muitos anos mexeu inevitavelmente com uma porção da sociedade carioca. O Rio tem buscado desenvolver alternativas econômicas, inventar novas vocações e reconstruir as bases da sua riqueza. Mas não é fácil se desapegar de paradigmas antigos, que organizaram a vida e as expectativas ao longo de gerações.

Nesse processo de transformação da sua realidade, e da sua imagem diante do espelho, o Rio assistiu às grandes empresas com sede na cidade, destacadamente a TV Globo, assumirem de alguma forma, no imaginário carioca, aquele espaço antes ocupado pelos palácios estatais. Como se a corte agora devesse ser dirigida a essas corporações. Como se elas, que não são muitas, concentrassem agora o poder — e como se delas descendesse a nova rede de influências.

O sentimento de clube fechado no Rio era estimulado também pela geografia da cidade. A área nobre estava espremida entre a montanha e o mar — com uma lagoa no meio. O espaço era exíguo e, portanto, disputado: eram poucos metros quadrados para milhões de interessados. Quem estava lá brigava para não sair. Quem estava fora tinha dificuldade de entrar. Simplesmente não havia lugar para todo mundo. Isso valia para tudo: imóvel para morar, mesa em restaurante (em vários bares do Rio o sujeito comia e bebia de pé na calçada ou então sentado no meio-fio, sobre a sarjeta, situação inimaginável na maioria das demais cidades do mundo), lugar na areia em domingo de sol e, claro, oportunidades profissionais. Quem havia chegado primeiro sublinhava essa precedência. Disso decorria uma postura reservada diante do forasteiro. Por isso ser um local no Rio, e a própria antiguidade da condição de ser um "carioca da gema", eram quesitos tão importantes nessa competição.

A sensação era de que, para alguém entrar, alguém teria de sair. Daí um certo sentimento de "eu ou ele". Para ser inclusivo é preciso ter espaço ou recursos que possibilitem receber mais um, sem prejuízo de quem já está dentro. O Rio não tinha essa fartura. Ou alguns cariocas se acostumaram a acreditar que ela não existia e se permitiam agir de uma determinada maneira a partir disso.

Sob essa ótica, o visitante ideal era o turista — aquele que vinha, ficava só uns dias, gastava seu dinheiro e ia embora encantado. O visitante que vinha para ficar podia ser visto como um novo concorrente. Não como alguém que estava ali para *contribuir*, mas como alguém que estava ali para *tomar*. Na hora em que ele tentava virar um local, a camaradagem tinha boas chances de dar lugar a um fechado espírito de corpo.

O Rio era também uma cidade de celebridades, o berço da cultura da fama no Brasil. Também nesse cenário, o crachá da TV Globo era um ativo. Uma espécie de título nobiliárquico naquela divisão entre privilegiados e excluídos. Quem não tinha um nome ou um rosto conhecido podia sempre lançar mão de um crachá valorizado para se incluir na nobreza — e abrir portas.

Nunca dei nenhuma carteirada voluntária. Mas era impossível controlar a reação das pessoas ao saberem que eu ocupava um cargo de chefia na TV Globo. Uma vez ou outra me diverti desfazendo um pouco desse sistema de poder que me privilegiava. Sempre gostei desse tipo de iconoclastia — de minar o próprio mito eventualmente construído ao meu redor. (Um pouco pela pitada de autoimolação aí contida, diga-se.)

Claro que isso costuma irritar os demais praticantes do rito — os membros de uma fé nunca gostam que você sabote a crença que os une. Óbvio, também, que essa postura de recusar o privilégio acaba sendo o paroxismo do sentimento de privilégio: ao abrir mão da benesse, pela qual muitos dariam tudo que têm, você está dizendo, com boa dose de soberba, que não precisa daquilo, que não crê naquilo, que não depende daquilo, que se considera maior do que aquilo.

Era comum no Rio haver descontos para celebridades em vários estabelecimentos. Os famosos recebiam muita coisa de graça, em troca da simples presença numa loja, ou em troca de se disporem a usar os produtos. Há o caso de uma empresária que foi chamada às pressas pela gerente de uma de suas lojas, em um dos grandes shoppings da cidade, porque uma conhecida estrela estava tentando sair de lá com uma dúzia de produtos debaixo do braço — sem pagar por nenhum deles.

Ao fim de algumas semanas acabamos encontrando um apartamento muito bem localizado no Leblon. No primeiro quarteirão, saindo da praia (que os cariocas chamavam de "quadríssima"). Com a famosa "planta circular" dos apartamentos no Rio (você conseguia transitar entre cozinha, área de serviço e quartos sem passar pela sala, o que, entre outras coisas, criava dentro de casa uma espécie de divisão entre zona de trabalho, para os empregados, e zona social, para os patrões e as visitas). O prédio tinha portaria 24 horas (coisa que era surpreendentemente difícil de achar na cidade). E, sobretudo, não havia ângulo para bala perdida — claro que fiquei fazendo essa geometria mental em cada janela e sacada dos apartamentos que visitei.

Ingressar na vida carioca morando perto do mar e num cargo de chefia na TV Globo angariava admiração e respeito. Mas criava incômodos na mesma proporção. A quadríssima, em especial, como só ficaria claro para mim depois, era quase um acinte. Eu estava subindo agora no ônibus e já estava sentando na janela — e ainda com vista lateral para as Ilhas Cagarras!

Se eu fosse uma estrela ou um diretor, tudo bem. Mas ali eu era só um sujeito que desbalanceava, com a sua simples presença, o equilíbrio de forças estabelecido. Um gaúcho meio paulistano, recém-chegado ao Rio, neófito em televisão, estreando na empresa, que já se inscrevia antipaticamente no clubinho dentro do clubinho, ao estabelecer domicílio a poucos metros da areia. Era inadmissível.

Meu valor profissional, e a pertinência da minha presença ali, seriam questionados na primeira oportunidade. Eu teria que me provar cedo, e de modo categórico, ou não estancaria a força da reação à minha chegada. Custei a perceber isso. Naquele momento eu estava simplesmente feliz por começar a viver com minha mulher e meus filhos naquela charmosa faixa de terra estendida entre o Arpoador e o Morro Dois Irmãos. Aquilo era o melhor que o Rio — e, talvez, o Brasil — tinha a oferecer. Aquilo era o melhor que a minha profissão podia me dar. Aquilo era algo que eu jamais tinha imaginado alcançar. Era a vida imitando o sonho. A realidade imitando a ficção. Uma possibilidade remota que de repente se tornava concreta para mim.

3

Quando cheguei à Abril, em 1998, com 27 anos, de volta ao país depois de três anos autoexilado no Japão, com um MBA no bolso e pela primeira vez num cargo de direção, me atirei ao trabalho com voracidade. Era a grande oportunidade da minha vida até ali e eu queria responder ao desafio da melhor maneira possível. No processo de chegada, envolto em testosterona e juvenília, provavelmente não negociei da melhor forma, em especial para os lados, a minha inserção na empresa. Minha presença ali demandava um rearranjo no desenho das coisas. E mudanças na torre de comando nunca são fáceis de realizar. Foi assim que, no meio do entusiasmo, descobri a existência dos pares — personagens importantíssimos para a empregabilidade de qualquer um.

Na chegada à TV Globo, quase dez anos depois, decidi que não iria cometer o mesmo erro. (Infelizmente essa resolução não me salvou de cometer *outros* erros.) Na Abril, arremeti porta adentro e só fui recompor com algumas pessoas, em quem esbarrei inadvertidamente, muito tempo depois. (E uma ou outra má impressão a meu respeito acho que até hoje não consegui desfazer.) Então me dediquei a realizar uma aterrissagem macia e negociada no Rio. Não conduziria outra chegada bem-intencionada e abrupta. Iria marcar uma série de almoços com meus diretos e pares, para me apresentar e, principalmente, para ouvir.

Essa era a minha estratégia: chegar pianinho. Pisando devagar, construindo alianças, aprendendo o léxico e a prosódia do lugar. O primeiro almoço que marquei foi com Eugenia Moreyra, editora de séries e quadros do *Fantástico*. ("Série" é uma história apresentada em capítulos. "Quadros" são conteúdos recorrentes, produzidos sob um mesmo formato, cujos episódios não contam necessariamente a mesma história.)

Eugenia editava, por exemplo, Max Gehringer, que chegou ao *Fantástico* praticamente junto comigo. Max e eu também havíamos sido contemporâneos na *Exame*, no final dos anos 90. Ele havia sido um alto executivo, com passagem por cargos de direção em grandes empresas, que se dedicava a refletir com inteligência e bom humor sobre as agruras e as tragicomédias da vida nas grandes corporações.

O texto pândego de Max, cheio de utilidade para o leitor, inaugurou uma voz diferente no jornalismo de negócios brasileiro, um pouco à luz do que o colunista Stanley Bing fazia na grande *Fortune*, revista de negócios americana, dirigida por John Huey, também nos anos 90. Assim a grife Max Gehringer foi se expandindo por várias revistas da Abril até chegar ao livro, ao rádio, à televisão e estourar no universo das palestras corporativas (não exatamente nesta ordem), um mercado régio em que Max, sem trocadilho, virou rei.

Eugenia editava também Drauzio Varella que, quando chegou ao *Fantástico*, já tinha grande projeção na mídia como oncologista e imunologista, mercê do seu trabalho ligado à prevenção da Aids, do seu histórico projeto no presídio do Carandiru, em São Paulo, dos seus livros e da sua ampla atuação como popularizador da medicina no país. As séries do *Doutor Drauzio* viraram rapidamente uma das atrações de maior sucesso do programa.

Lembro de Luizinho, meu novo chefe, dizendo que considerava Drauzio Varella um dos melhores repórteres de televisão do Brasil — pelo domínio do tema que se dedicava a elucidar, pela capacidade de traduzir e de explicar o assunto, pela concisão e pelo didatismo, pela relevância e utilidade das pautas que escolhia cobrir, pela autoridade com que apresentava as questões, pela credibilidade que passava no vídeo e pela empatia que estabelecia com o telespectador.

Aquela era uma bela síntese. E uma enorme lição. É muito bom poder aprender com seu chefe — enxergar o mundo por alguns segundos com os olhos de quem tem a compreensão que você deseja um dia ter. Luizinho me oferecia isso naquele momento. Essa definição do que é um bom repórter de televisão é uma iguaria que, como se vê, guardo até hoje comigo.

Eugenia era uma editora experiente e talentosa. Lançou o *Big Brother* no Brasil, em 2002, quando a mecânica e o formato de um *reality show* ainda não eram tão óbvios quanto podem parecer hoje. E o trabalho dela com Drauzio tinha qualidade superior. Lembro que uma vez cheguei a pedir a Eugenia um roteiro para enxergar o esqueleto do VT (ou *videotape*, termo usado para significar "matéria" ou "reportagem" em televisão). Queria fazer uma engenharia reversa e ver como ela tinha estruturado a reportagem, que tinha ficado muito boa.

Eugenia também acumulava a função de coordenar os editores de imagem, a turma da pós-produção, que vivia enfurnada nas ilhas de edição e que montava os VTs a partir do roteiro dos editores de texto. Os editores de imagem trabalhavam geralmente isolados, nas madrugadas, operando numa espécie de contratempo em relação ao resto da Redação. Só começavam a trabalhar quando todos os outros já praticamente haviam encerrado seu trabalho. Por atuarem na reta final do processo, a famosa pressão do tempo em televisão era especialmente cruel com eles. E a natureza do seu trabalho era de modo geral solitária: se dava grandemente na relação olho no olho com máquinas cujo painel de controle lembrava o de aviões.

Essas peculiaridades rendiam aos editores de imagem um espírito de grupo forte. E lhes emprestava uma postura um pouco distante e cética. Eram profissionais que guardavam certa característica de *freelancers*, de *"outsiders"*, de quem estava no barco hoje, mas sabia que podia muito bem não estar amanhã. (O que talvez lhes constituísse numa das turmas mais lúcidas e sábias do pedaço.) Era uma patota formada só por pragmáticos de estilo Han Solo, em que não havia muito espaço para o romantismo de estilo Luke Skywalker, se é que você me entende.

Alguns dias depois do nosso almoço, Eugenia me apresentou oficialmente aos editores de imagem, na condição de novo chefe de redação do programa. Eu disse meia dúzia de coisas, elogiando a condução dela na recente reestruturação do time e do processo de trabalho, reconhecendo algumas demandas que eles tinham (sobre as quais Eugenia tinha me falado). Os olhares dos editores direcionados a mim compunham um mural de descrédito. Como se eu fosse o vigésimo vereador a passar por ali e discursar em cima da mesma lata vazia.

Foi somente em meu almoço com Eugenia que soube que ela era mulher de Luizinho. E que eu seria, portanto, chefe da mulher do meu chefe.

Eugenia me contava sobre a sua linha genealógica, que a conectava a alguns personagens ilustres do jornalismo brasileiro. Eu me dedicava a conquistar a sua confiança.

Lancei mão da estratégia que sempre utilizo quando tento ganhar a afeição de alguém, por ser a mais natural para mim — a honestidade. Ser sincero, em oposição ao uso de artifícios, sempre me pareceu a melhor prova de boas intenções diante de um interlocutor. Além disso, simplesmente não sei fingir. Então ofereci a Eugenia a minha transparência.

Essa é, obviamente, uma estratégia ingênua. Que expõe quem a empreende. Na maioria das vezes, abrir as cartas é um movimento suicida. A reciprocidade é rara. Você se abre e o interlocutor, estranhando aquele movimento, se fecha. Ele não apenas não reconhece suas boas intenções como fica ainda mais desconfiado.

Em situações assim, ao longo da vida, eu sempre soube que estava me expondo. (A gente sempre sabe, mesmo inconscientemente, o que está fazendo.) Ainda assim, fui adiante. Porque é difícil deixar de ser quem você é. Mesmo em situações em que ser você mesmo implica uma espécie bastante cretina de *harakiri*.

O almoço com Eugenia — que em setembro de 2011 assumiria a direção da GloboNews, o canal de notícias em TV a cabo das Organizações Globo — foi agradável. Eugenia se disse fã da revista *Vida Simples*, que eu havia criado na Abril. E afirmou que o cara que fizera *Vida Simples* certamente se daria bem no *Fantástico*, especialmente no que se referia à gestão de pessoas.

Numa mesa perto da nossa, naquele simpático restaurante italiano que ela escolhera para nós, estava sentado um sujeito magro, de pele bem bronzeada, todo vestido de preto, com calça de fatiota e sapato social de bico fino. Usava óculos escuros tipo aviador e, se bem me lembro, carregava uma capanga debaixo do braço.

Fiquei encantado quando Eugenia me disse que se tratava de Dirceu Rabelo, a voz padrão da TV Globo, um dos timbres de locução mais bonitos que já ouvi. A voz de Dirceu faz parte das minhas memórias auditivas desde que consigo me lembrar. Cruzei com Dirceu mais uma ou duas vezes nas imediações da emissora. Ele sempre sozinho e, para minha tristeza, calado. Adoraria tê-lo ouvido falar, de viva voz, qualquer coisa — chamando um táxi, cumprimentando alguém, comprando chicletes. Mas infelizmente aquela voz majestática nunca aflorou perto de mim.

Segui naquela série de almoços de reconhecimento de território com os meus diretos, ao longo das primeiras semanas, buscando entender como funcionava a Redação, quem era quem e o que cada um fazia, que visão tinham do programa e que ideias tinham para o *Fantástico*, o que consideravam os principais problemas que enfrentávamos e quais seriam as possíveis soluções, quais eram as suas expectativas em relação ao novo chefe de redação.

Aqueles encontros foram a minha primeira iniciativa como chefe de redação. Eram momentos em que eu buscava estabelecer um vínculo direto e pessoal com aqueles profissionais. Um papo reto. Ficou claro, no entanto, a partir de determinado momento, que a cultura por ali era outra.

Às vezes, no escritório, os sinais não são claros. Você não sabe se suas sugestões são aprovadas de verdade ou se a aquiescência só acontece para evitar o desgaste de uma negativa direta. Quando você percebe isso, ou você deixa de sugerir, para não correr o risco de causar desagrado com ideias que no fundo serão aceitas a contragosto, e que serão dilapidadas aos poucos, ou você continua fazendo as solicitações que considera pertinentes — e deixa que o outro lado da mesa se pronuncie a favor ou contra, e lide ao seu modo com o risco ou o medo do conflito. (Bem, há uma terceira via: sugerir somente aquilo que você imagina que o interlocutor vai gostar de ouvir.)

Alguns de meus diretos pareciam desconfortáveis em ter de comparecer àquelas conversas comigo, cheias de perguntas embaraçosas. Permaneciam à distância. Outros se sentiam mais à vontade e aproveitavam até para pedir um aumento. Lembro também de um jornalista experiente encurtando a conversa comigo com um tapinha nas costas: "Você vai dar certo aqui, não se preocupe". Será que era isso que alguns deles imaginavam que eu estava buscando com aquelas conversas — *permissão*? (E cá entre nós: será que eu estava *mesmo* pedindo licença a meus subordinados para ser seu novo chefe?)

Quase todos me diziam, na forma de uma sugestão bem-intencionada: "Cole em Luizinho. Ganhe a confiança dele." Ou: "Aprenda com ele. Ele sabe muito." Ou: "Quem vier para somar ao programa vai contar com a estima dele." Eu ficava feliz ao ouvir isso porque era exatamente essa a minha intenção: virar o aprendiz do meu chefe. E, assim, acrescentar ao programa — e aprender.

Um editor havia me dito em nossa conversa inaugural que, acima de tudo, eu deveria me preocupar em apresentar grandes ideias editoriais, porque era disso que o programa estava se ressentindo — boas pautas que resultassem em melhores índices de audiência.

Todos também sublinhavam o laconismo do chefe. A porta de sua sala estava sempre aberta. Mas entrar ali não era um evento corriqueiro. A proximidade, a atenção e o reconhecimento dele eram metais nobres, de difícil obtenção.

Em seguida pedi ao RH que desenhasse para mim um cronograma de integração com outras áreas ligadas ao Jornalismo que fossem críticas ao desempenho das minhas funções. Minha segunda iniciativa formal como chefe de redação — e outro procedimento aparentemente incomum por ali. Alguns contatos foram facilitados pela consultora destacada para me ajudar. E alguns contatos eu mesmo fiz. Assim fui conhecer a Engenharia e a área de Operações, por exemplo.

Também busquei conhecer outras redações. Vários recursos eram disputados entre os programas jornalísticos, desde pautas e enfoques dados às pautas até um determinado repórter ou cinegrafista — os câmeras eram chamados de repórteres cinematográficos, fazendo justiça à importância que têm numa reportagem de televisão. Não havia muita colaboração entre as redações. Eram raros os projetos transversais. Sina, talvez, de quem foi líder absoluto durante muito tempo: a concorrência se dava mais dentro de casa do que fora. Quando havia cooperação entre dois programas, era por ordem superior ou então em decorrência da relação de amizade entre os chefes. Conheci gente muito bacana naquele meu pequeno périplo intramuros. Pessoas por quem nutro até hoje respeito e simpatia.

Ao longo daquelas primeiras semanas, comecei a perceber que não havia um espaço no programa para eu ocupar. Nem uma visão clara do que eu deveria fazer — ou do que eu *não* deveria fazer. Era como se o meu cargo não constasse no organograma.

A minha vida na Redação ia começando a se despegar da ideia onírica que eu tinha do que seria trabalhar na emissora. Esse primeiro choque de realidade tornava aquela quimera menos brilhante. Sempre que dava um passo atrás e olhava a coisa toda de fora, no entanto, a oportunidade ainda resplandecia para mim com as suas luzes originais.

Longe da Redação, quando pensava no trabalho, era como se o projeto continuasse intocado, e como se o desafio ainda preservasse, na sua essência, as feições e as promessas tais como eram no dia em que viera ao Rio pela primeira vez. Essa sensação me fazia tourear a vida, para adaptá-la ao sonho, como se pudesse fazer com o que o trabalho *real* não arranhasse o *ideal* de trabalho que eu havia construído dentro de mim.

Às vezes, mudanças ocorrem na realidade e demoramos muito a gerar as mudanças correspondentes no discurso ou na nossa visão da realidade — especialmente quando queremos ou precisamos muito que aquilo dê certo.

Acompanhava meu chefe nas reuniões semanais de aprovação da pauta do *Fantástico* com a direção de Jornalismo. Num desses encontros, decidiu-se que eu iria à Inglaterra representar a TV Globo na feira anual em que a *BBC* (*British Broadcast Company*, talvez a emissora de TV mais respeitada do mundo) colocava sua programação e suas produções à venda para emissoras do mundo inteiro. O *Fantástico*, junto com o *Globo Repórter*, era o principal consumidor interno daquelas produções. E era geralmente quem representava a TV Globo, editorialmente, na feira. A ideia era que eu olhasse aquele material pensando em toda a programação jornalística da casa.

Voltei da Inglaterra tendo assistido a mais de uma centena de documentários e séries em três ou quatro dias de trabalho, com uma lista bem apurada de sugestões tanto para o *Fantástico* quanto para vários outros programas da casa. Apresentei a lista à direção de Jornalismo. E me foi pedido que eu oferecesse as sugestões diretamente aos responsáveis pelos programas envolvidos, fechasse uma lista geral de interesses da TV Globo para aquele ano e então passasse o pedido de material, já consensado internamente, à área Internacional para que ela finalizasse a negociação e a compra junto à *BBC*. Uma missão de costura interna que se mostraria custosa.

Eu ainda não conhecia os labirintos de poder da emissora e todo o cuidado não seria suficiente para que eu saísse ileso daquele processo. "Quem é mesmo esse cara que está sugerindo materiais para o meu programa?" Não ouvi isso de modo explícito. Mas isso me foi dito por meio de e-mails não respondidos, de atrasos nas definições, de telefonemas não atendidos. Eu estava numa posição incômoda porque dependia da boa vontade de gente que não me conhecia nem enxergava aquele assunto como sua prioridade.

A pressa para fechar aquela lista era minha. Em meio a essa pressão, ganhei uma tarefa extra: havia algumas negociações anteriores, de compra de conteúdo, e não só com a *BBC*, mas com outros produtores de conteúdo de outros países, que estavam em aberto, a maioria delas repousando inertes no próprio *Fantástico*, a Redação responsável por liderá-las. Eu deveria retomar aquelas conversas, fechá-las a bom termo e então compor uma lista única e definitiva de programas a serem adquiridos pela emissora, passando a régua em tudo que estava pendente.

Sem relacionamentos prévios e sem poder hierárquico num lugar em que as relações pessoais e as ordens superiores contavam muito, eu intensificava os pedidos como podia, chamando a turma ao engajamento, sem muito efeito. Mais tarde, ouviria de um colega uma ótima síntese de certo jeito de trabalhar que imperava ali: "Faz o seu que eu faço o meu". Eu realmente não tinha esse privilégio naquele momento. Precisava que os outros fizessem a parte deles para que eu pudesse finalizar a minha.

A todas essas, não partilhei com a direção de Jornalismo os dissabores da missão. Achava que, como piloto designado, eu tinha a obrigação de tirar o avião da pista, em vez de ficar pedindo ajuda à torre de comando a toda hora e reclamando das condições do tempo. Mas a verdade é que estava difícil avançar sem apoio tático — nem que fosse uma bússola ou um salvo-conduto. Ao final, consegui cumprir a maior parte do pedido. O que não me salvou da sensação de que o resultado ficou abaixo do que eu gostaria de ter podido entregar.

Mais ou menos por aquela época, conheci Érico Magalhães, Diretor da Central Globo de Pesquisa e Recursos Humanos (CGPRH). Érico era o homem de RH da TV Globo e, naquela época, era apontado, junto com Schroder, como um possível candidato à sucessão de Octávio Florisbal como principal executivo da emissora.

Aqui vale fazer um reconhecimento à TV Globo. Schroder, que seria anunciado como o novo diretor-geral em 2012, é um profissional oriundo da atividade-fim da empresa — um jornalista. Se o escolhido tivesse sido Érico, estaríamos falando de um profissional especializado em administrar gente — um homem de RH. Isso é uma raridade digna de aplauso num mundo de empresas cada vez mais geridas por executivos financeiros que, com todos os méritos que têm, se mostram muitas vezes desinteressados em qualquer coisa que não seja os números do trimestre, e que muitas vezes compreendem mal e respeitam pouco o negócio da companhia (sua atividade-fim) e os ativos mais importantes da empresa (seus talentos).

Érico acabou saindo da TV Globo em abril de 2013. Naquela manhã de 2007 ele me recebeu muito bem em sua sala. Partira do próprio RH a iniciativa de que eu fosse conhecê-lo. Me apresentei a ele e a conversa passou a girar em torno dos perfis de jornalistas que só sabem fazer jornalismo e de jornalistas que também sabem gerir. Érico me identificava como um integrante do segundo time e demonstrava entusiasmo com a minha chegada à TV Globo.

Segundo Érico, havia muita coisa por fazer e, por conseguinte, muitas oportunidades para alguém com a minha bitola. Eu me sentia, ali, mais uma vez, tendo feito a escolha certa. O sonho ganhava um impulso a mais. Eu saía dali bem posicionado no radar de Érico e isso era ótimo.

Logo em seguida, num despacho com a direção de Jornalismo, mencionei a conversa com Érico. A informação já tinha chegado lá — Érico havia avisado sobre o nosso encontro. Coisa que eu tinha deixado de fazer.

Semanas mais tarde, Erlanger, o diretor da Central Globo de Comunicação, convidou a mim e ao meu chefe para um jantar em sua casa. Meu chefe deu conhecimento à direção de Jornalismo sobre o convite — coisa que eu novamente havia esquecido de fazer.

Tinha estado com Erlanger uma vez apenas, desde a minha chegada ao Rio, quando fui lhe agradecer pessoalmente pelo apoio no processo de aproximação com a TV Globo que havia resultado na minha contratação. Erlanger tinha vindo do jornal *O Globo* para a TV, em 1995, junto com Evandro Carlos de Andrade. Evandro era diretor de redação de *O Globo* desde 1971 e gozava de uma relação próxima e de muita confiança com Roberto Marinho. Erlanger era então o editor-chefe do jornal, o segundo de Evandro.

Com a saída de Alberico de Souza Cruz da direção da Central Globo de Jornalismo, Evandro havia sido convidado para assumir o comando do jornalismo na televisão — tirando esse departamento da alçada de Boni, que deixaria suas funções executivas na emissora dois anos depois, em 1997. Erlanger veio do jornal com Evandro, na posição de diretor-editorial da CGJ, o segundo cargo na hierarquia do telejornalismo. Esse cargo, até a chegada de Erlanger, era ocupado por Schroder.

Em 1995, Schroder estava na TV Globo havia mais de dez anos e acumulava o cargo de diretor-editorial da CGJ com a direção de Produção da emissora. Com a chegada de Evandro e de Erlanger, Schroder virou diretor de Planejamento da CGJ. A partir daí, Schroder passou a descortinar o mundo da televisão para Evandro. Cuidava da operação, dos aspectos técnicos do veículo, e deixava Evandro confortável e seguro para cuidar das questões eminentemente jornalísticas e editoriais.

Em março de 2000, Schroder voltou à posição de diretor-editorial da CGJ, como o segundo de Evandro, acumulando essa função com a direção de Planejamento. Erlanger assumiu a direção da Central Globo de Comunicação. Quando Evandro morreu, em junho de 2001, Schroder assumiu o comando do Jornalismo da emissora.

Ali Kamel ocupava, desde 1995, com a partida de Evandro e de Erlanger para a televisão, e com a ascensão de Merval Pereira à direção de redação de *O Globo*, o cargo de editor-chefe, o segundo na hierarquia do jornal. Com a morte de Evandro, Ali foi convidado a se transferir para a TV, assumindo em 2001 a posição de diretor-executivo da CGJ e compondo com Schroder a dupla que dirigiria o jornalismo da emissora até a ascensão de Schroder à Direção-Geral, em janeiro de 2013.

Com Schroder como primeiro executivo da emissora, Erlanger virou diretor da Central Globo de Análise e Controle de Qualidade, uma ampliação da Central Globo de Controle de Qualidade, dirigida por Durval Honório, que se aposentou. Com a movimentação de Erlanger, em janeiro de 2013, a CGCOM passou a ser comandada pelo publicitário Sérgio Valente, até então presidente da agência de publicidade DM9DDB, em São Paulo.

Erlanger deixaria a TV Globo em agosto de 2014. Aquela festa na sua casa, em 2007, foi muito agradável. Ele era um sujeito cordial, cheio de filhos, apaixonado pela família. Uma de suas filhas cantou belamente para os convidados. Erlanger, sentado no sofá, com um copo de bom uísque na mão, não tirava dela os olhos cheios d'água. Depois ele me mostrou uma bateria usada que tinha acabado de comprar. E nós tiramos um som ali mesmo, numa espécie de porão da sua casa.

Se meu chefe era o cara que tinha um verso de Drummond inscrito numa das paredes de sua casa — conforme vi uma vez numa foto na *Revista do Fantástico*, que a Editora Globo publicava à época —, o que só reforçava a simpatia que eu havia sentido por ele, Erlanger era o tipo hospitaleiro que levava você até a sacada da sua casa e mostrava, com entusiasmo quase juvenil, a nesga da Lagoa que dava para ver de lá. (Um item de orgulho para qualquer carioca, tanto quanto ter vista para o Cristo Redentor ou para o mar.)

Além das festas de Schroder e de Erlanger, tivemos só mais um convite para ir à casa de alguém em mais de um ano no Rio. Quanto a nós, também recebemos candidatos a amigos em casa só um par de vezes. Um empate sem gols. Duplo WO.

4

Comecei a conviver profissionalmente com meu chefe ainda nas últimas semanas de 2006. Meu contrato só começou para valer na virada para 2007 — mas eu já havia participado de algumas reuniões de pauta em dezembro. Ele me apresentou à Redação de modo lacônico. E eu não lembro de ter me apresentado de modo muito cativante também. É um pouco como se eu tivesse ficado constrangido com o aparente constrangimento dele. Se a primeira impressão é a que fica, é provável que eu não tenha começado junto à equipe exatamente com o pé direito.

Ao longo de algumas semanas, antes da minha estreia, eu compunha domingo à noite, ainda em São Paulo, um e-mail para meu chefe, para irmos aquecendo, com as minhas impressões sobre o programa. Ele respondia no dia seguinte, comentando meus comentários. Concordava na maioria das vezes com a maioria dos pontos. E ia me instruindo sobre o que pensava para o programa.

A primeira reunião de que participei no Rio, nessa fase anterior ao meu início oficial, foi a apresentação de uma longa pesquisa realizada para entender melhor a percepção e a opinião das pessoas sobre o *Fantástico*, como forma de reagirmos com mais propriedade à queda de audiência. O trilho histórico do *Fantástico* ficava entre 30 e 40 pontos de audiência — ou seja, entre 30% e 40% dos televisores do país sintonizavam o programa. Naquele momento, estávamos girando em torno dos 30 pontos, na base do trilho. E a tendência era de baixa.

Para medir a audiência, o Ibope utilizava um aparelho chamado Peoplemeter, que tinha o tamanho aproximado de um *decoder* de TV a cabo. Segundo a empresa, esses aparelhos estavam instalados em 3 765 domicílios em 14 cidades do país. A maior região pesquisada era a Grande São Paulo, com aparelhos instalados em 860 domicílios. A escolha das casas onde os aparelhos estavam instalados era feita por meio de amostragem estatística, o mesmo princípio usado nas pesquisas de opinião pública, de modo a espelhar com acuidade a população em critérios como sexo, idade e classe social. Em 2017, em São Paulo, cada ponto de audiência representava estatisticamente 70 554 residências. Já no Rio de Janeiro, cada ponto de audiência representava 44 047 domicílios. Nacionalmente, cada ponto de audiência representava 245 702 domicílios.

A audiência era medida em *pontos* — de 0 a 100, representando a totalidade de aparelhos de TV do país. E ela era mensurada também em *share* — a participação do número de pontos obtidos pela emissora sobre o total de televisores ligados em TV aberta naquele horário. O capítulo final da novela *Avenida Brasil*, em 2012, por exemplo, que obteve a melhor performance da emissora em muitos anos, angariou 52 pontos de audiência. Ou seja, de cada 100 televisores do Brasil, 52 estavam ligados na novela. Já o *share* ficou em 77%. Isto é: de cada 100 aparelhos, 67 estavam ligados na TV aberta. E desses 67 aparelhos, 77% (52 aparelhos) estavam ligados na TV Globo, acompanhando a novela. Do total absoluto de televisores, portanto, 33 estavam desligados ou então, nos termos do Ibope, gerando "audiência para outros aparelhos" — DVD, TV a cabo, videogame etc.

A audiência do *Fantástico* era um zumbido constante em nossos ouvidos. De um lado, havia uma questão com a própria TV aberta — o número de televisores ligados no domingo à noite diminuíra. As pessoas estavam fazendo outras coisas, desde navegar na internet até comer pizza fora de casa. Estavam cada vez menos dispostas a ficar duas horas e meia sentadas no sofá da sala assistindo a um programa de televisão. Entre aquelas que efetivamente ficavam diante da TV, boa parte não estava conectada na TV aberta.

O Brasil havia mudado. A televisão tinha sido a grande novidade para os brasileiros, nos anos 50 e 60. Na década seguinte, ela havia se transformado num item de consumo cuja posse representava conexão social e afirmação econômica. Nas décadas de 80 e 90, a televisão já era ubíqua no país — reinava absoluta, lançando modas, apontando tendências, influenciando comportamentos, criando hábitos e estimulando desejos de consumo entre brasileiros de todas as regiões, idades e classes sociais.

Outros vinte anos se passaram e o rito de passagem se tornaria digital — o sonho do brasileiro, como consumidor e como cidadão, passaria a ser um *smartphone* com conexão de banda larga para carregar no bolso e acessar o Google, administrar um perfil no Facebook, conversar via WhatsApp, publicar fotos no Instagram e assistir a vídeos no YouTube. Essa seria a nova aspiração.

A TV estava virando mais um eletrodoméstico dentro de casa — com tela plana, pendurada na parede, emulando um quadro. E, ao mesmo tempo, uma central de mídia, com imagens em alta definição, conectada à internet, a um home theater, a um console de videogame, passando filmes e séries *on demand* ou via *streaming*.

A televisão aberta, portanto, não era mais um item cultural obrigatório nem a única opção para consumo de informação e entretenimento. Ao contrário, ela estava se tornando apenas mais uma opção — cada vez mais associada a pessoas mais velhas ou menos instruídas. A sua conotação não era mais de juventude, de novidade ou de futuro, mas sim, em grande medida, de um jeito antigo de consumir conteúdo, associado a pessoas sem melhores opções de lazer e sem acesso a outras formas de conhecimento.

Nos anos 70, não apenas o meio TV era revolucionário e mexia diretamente com a vida das pessoas e do mercado no país (da mesma forma que a internet e o mundo mobile estão fazendo hoje), mas a TV Globo era uma revolução dentro da revolução. Se vivemos hoje uma disrupção digital no mundo, vivemos lá atrás uma disrupção eletrônica no Brasil, liderada com brilhantismo pela TV Globo.

A empresa foi vanguarda em várias frentes no desenvolvimento do meio TV no país: no modelo de centralização da produção e da comercialização, na constituição de uma rede de emissoras afiliadas, na primeira transmissão simultânea para várias cidades — realizada em 1969, com o advento do *Jornal Nacional*, que inaugurou o sistema de transmissão terrestre por micro-ondas da Embratel, numa época em que os programas eram transmitidos somente para a própria praça ou tinham que viajar fisicamente, em fitas, via malote, para serem levados ao ar dias depois em outras cidades por emissoras locais. (O sistema de micro-ondas só seria aposentado no Brasil em 1982, quando foi substituído pelas transmissões via satélite.) A TV Globo esteve à frente desses avanços: da cobertura completa do território nacional, obtida ainda em 1970 para as principais atrações da emissora (pela primeira vez o Brasil inteiro se via ao mesmo tempo numa mesma tela), ao início das transmissões em cores, iniciadas no país em 1972.

Por outro lado, as questões envolvendo a audiência no *Fantástico* não podiam ser creditadas somente às mudanças de hábito dos brasileiros em relação à TV aberta. Havia também questões específicas — o *Fantástico* começava a sofrer, em 2007, com a concorrência direta de programas como *Pânico*, da Rede TV, *Domingo Espetacular*, da Record, e Gugu, Silvio Santos, *Casa dos Artistas* e alguns filmes de Hollywood, do SBT.

Enquanto na mídia impressa você competia em conteúdo com outros veículos similares ao seu (ou seja, um jornal em tese não competia com uma revista, nem uma publicação feminina competia com uma publicação sobre carros), em TV você competia na faixa horária, independentemente do conteúdo do seu concorrente. O *Fantástico* podia brigar tanto com um filme campeão de bilheteria quanto com um programa de auditório popularesco. Assim como o *Jornal Nacional* brigava com a milésima exibição tanto do humorístico *Chaves* quanto do desenho animado *Pica Pau*. (Dois adversários duríssimos, aliás.)

Em jornal ou em revista você ganhava ou perdia a disputa na hora em que o sujeito decidia de quem iria comprar um determinado tipo de informação, no ponto de venda do exemplar avulso ou na renovação da sua assinatura. Não importava o momento em que o leitor iria consumir aquele conteúdo — nem se iria consumi-lo no todo, em parte ou se iria ignorá-lo completamente. Você, dono do jornal ou da revista, já teria realizado a venda e, portanto, vencido seu concorrente. (Exceto em casos em que o leitor comprava a sua publicação *e* a do concorrente.)

Em TV, a briga era minuto a minuto, sobre uma grade de audiência medida em tempo real. E só podia haver um vencedor. (Mesmo quando havia mais de um televisor na casa, somente um aparelho era medido.) Se o telespectador não estivesse à frente da tela durante a exibição do seu programa, você havia perdido, sem possibilidade de reversão.

Foi na apresentação daquela pesquisa que travei contato com alguns dos personagens centrais do *Fantástico*: Frederico Neves e Luiz Petry, editores do programa, Carlos Eduardo Salgueiro, produtor, e Alberto Villas, o subchefe da Redação de São Paulo.

No mundo da televisão, além dos editores de imagem, há também os editores de texto. Esses são os verdadeiros donos do conteúdo. São os responsáveis, de modo geral, por definir a pauta e o enfoque que será dado a ela, por coordenar a apuração e editar o texto dos repórteres, por orientar os produtores e por escrever os roteiros que servirão de espinha dorsal para os VTs. Eles são, em última análise, os responsáveis pelo que vai ao ar. Fazendo um paralelo com o mundo da mídia impressa: os editores de imagem corresponderiam um pouco aos editores de arte, enquanto os editores de texto, bem, esses têm o mesmo nome e a sua função é similar em ambos os meios.

Repórteres, em TV, são aqueles que põem a cara no vídeo. Aparecer na tela, com o rosto ou com a voz, é um direito de poucos em televisão. É mais ou menos como atores em um filme ou como as cores que um artista plástico decide colocar em sua paleta antes de pintar um quadro. Ao definir quem vai imprimir a sua presença em vídeo e em áudio, a emissora está definindo como vai apresentar a si mesma — por meio daqueles rostos e daquelas vozes selecionados — diante do público.

Os repórteres de TV entrevistam (os trechos em que os entrevistados aparecem falando no vídeo são chamados de "sonoras"), empunham microfones (que podem também estar em suas lapelas ou suspensos sobre suas cabeças), conduzem a matéria, narram os fatos, fazem a locução e têm seu momento solo naqueles trechos que chamamos de "passagens" — quando ocupam sozinhos a tela e falam olhando para o telespectador ou mostrando alguma coisa *in loco*.

Os apresentadores, tanto quanto os repórteres, põem o rosto e a voz na tela. Com frequência, os apresentadores são egressos da reportagem. Geralmente atuam num estúdio, muitas vezes sentados em uma bancada, de onde introduzem as matérias para os telespectadores — lendo no teleprompter (aparelhos conectados às câmeras que projetam numa tela à frente das lentes os textos que devem ser lidos) as aberturas das matérias, que chamamos de "cabeças". Os apresentadores contribuem muito com a "cara" e o "estilo" do programa e funcionam um pouco como o anfitrião ou a anfitriã que recebe a audiência e ordena para ela as atrações daquela edição do programa.

Os produtores formam um time à parte. Basicamente, eles são repórteres que não têm alvará para aparecer no vídeo. De resto, o trabalho dos produtores do telejornalismo parece muito mais com o dos repórteres da mídia impressa do que propriamente o trabalho dos repórteres de TV — que em alguns casos lembra mais o de apresentadores.

Os produtores garimpam pautas, correm atrás de entrevistados (muitas vezes conduzem as entrevistas e gravam as "sonoras", sem aparecer. Às vezes, nessas situações, suas vozes aparecem na reportagem, mas seus rostos, nunca), pesquisam e apuram informações, checam e cruzam dados, agendam e acompanham gravações, enfim, colocam a matéria de pé. A única parte do trabalho com a qual os produtores normalmente não se envolvem é a montagem final do VT, na ilha de edição, com os editores de imagens. Esse é um trabalho geralmente conduzido pelos editores de texto e pelos próprios repórteres.

Os produtores em geral ainda fazem o serviço de bastidores, o trabalho burocrático da operação jornalística, marcando viagens, agendando translados e hospedagens, enfim, facilitando ao máximo a vida dos repórteres. Alguns repórteres de TV — embora eu tenha convivido no *Fantástico* com alguns profissionais que são rigorosamente o oposto disso — se acostumam a receber esse material semipronto, apurando menos do que deveriam e ficando disponíveis apenas para a parte final do trabalho: conduzir a matéria no vídeo e gravar as locuções.

Há ainda, em televisão, a figura do locutor. São profissionais que emprestam um padrão de voz ao programa, e, às vezes, até à emissora, como no caso de Dirceu Rabelo, e que não aparecem no vídeo. Eles têm o alvará sonoro, para gravar narrações e chamadas, mas não têm o alvará visual. Como resultado, têm vozes conhecidíssimas e rostos anônimos.

Carlos Eduardo Salgueiro, o Cadu, tinha acabado de ser promovido a chefe dos produtores do *Fantástico* quando cheguei à TV Globo. Era um sujeito boa-praça. Um tipo macio, contemporizador, aglutinador. Com os cabelos longos e lisos precocemente grisalhos, e dono, segundo se dizia, de uma habilidosa canhota que ele já havia, também de modo prematuro, aposentado do futebol, era Cadu que tomava nota das combinações e atribuições, distribuía as tarefas, cobrava prazos e entregas, organizava o meio de campo. Era um dos diretos do meu chefe.

Frederico Neves, o Fred, era um editor de texto talentoso, com grande domínio da linguagem de televisão. Não é exagero dizer que era um dos melhores editores da TV Globo — e do telejornalismo brasileiro. Inclusive porque tinha uma ótima antena para antecipar novidades, tendências e outras relevâncias jornalísticas antes que elas se tornassem domínio público.

Fred tinha o talento de escrever bem para TV — sabia escrever com imagens e sons, com falas e silêncios, com enquadramentos e ritmo, com humor e precisão. A reportagem de televisão não se dá na forma de um texto — mas de um roteiro. Então ela está muito mais próxima de um filme do que de uma matéria impressa. Ela depende muito mais de grandes imagens e de uma edição bem-feita do que de palavras. Fred funcionava, para o *Fantástico*, como uma espécie de reserva de inteligência e de inspiração para garimpar boas pautas e editar grandes reportagens. Era outro dos diretos do meu chefe.

Aprendi um bocado observando Fred e conversando com ele. A partir desse olhar atento, um dia percebi uma das diferenças mais interessantes sobre os jeitos de editar em mídia impressa e em televisão. No jornalismo impresso, uma boa regra para contar bem uma boa história é lançar mão de poucas e boas declarações na hora de escrever a matéria. Vale mais a narrativa do repórter, o seu ponto de vista sobre os fatos, o fluxo do seu raciocínio e da sua prosa, do que encher o texto de trechos entre aspas — que funcionam inevitavelmente como interrupções para quem está lendo.

Essa regra havia sido sintetizada num curso para editores que a Abril me proporcionara assistir na Universidade de Stanford, na Califórnia, nos Estados Unidos, no início dos anos 2000, por Dorothy Kalins, editora executiva da *Newsweek*.

(Segunda maior revista semanal de notícias do mundo, fundada em 1933, a americana *Newsweek* foi vendida em 2010 pelo Washington Post, que a controlava desde 1961, para a Harman Media, por 1 dólar, mais a assimilação de 47 milhões de dólares em dívidas. Ainda em 2010, a *Newsweek* se fundiu ao *The Daily Beast*, um blog da InterActiveCorp (IAC). A publicação da edição impressa da revista foi suspensa em 31 de dezembro de 2012. Em 2013, a marca foi comprada pela International Business Times (IBT) Media, que voltou a publicar a *Newsweek* em papel em 7 de março de 2014.)

Em televisão, na linguagem audiovisual, vale exatamente o contrário: se você puder contar a história só com os depoimentos que colheu, tanto melhor. Quanto menos o repórter tiver que costurar as sequências do VT com suas intervenções, sejam em "on" ou em "off", mais poderosa fica a narrativa. Ou seja: em mídia impressa, ninguém melhor para contar a história do que o próprio repórter. Em televisão, ninguém melhor para contar a história do que os próprios personagens. Na tela, quanto mais você *mostrar* os fatos, em vez de *contar* sobre eles, quanto mais os fatos forem *apresentados* e menos você precisar *falar* sobre eles, melhor. Aprendi isso com Fred.

Lembro de uma reportagem de Vinícius Dônola, na época repórter exclusivo do *Fantástico*, editada por ele mesmo, em que simplesmente não havia "off" — a narração era toda costurada na voz dos entrevistados. Vinícius exibia aquela matéria, na qual privilegiava os personagens à custa da sua própria visibilidade, com orgulho e entusiasmo pela Redação — e tinha toda razão em fazê-lo.

"On" é quando alguém aparece falando na tela — vídeo e áudio foram gravados ao mesmo tempo. "Off" é quando só ouvimos a voz da pessoa, mas não a vemos. A função do "off" é narrar uma sequência de imagens para o telespectador. Geralmente, no "off", as imagens são gravadas em um momento e a locução é colocada sobre elas posteriormente.

No jargão jornalístico, em outro contexto, o "on" também é usado para designar a declaração gravada de um entrevistado — abreviação de *on the record*. (Algo como "na gravação".) É, portanto, quando o entrevistado está disposto a assumir publicamente sua declaração e permite ao repórter registrá-la. E usa-se "off" para significar o contrário disso: quando uma fonte dá uma declaração com o gravador desligado, sem a intenção de vir a assumi-la em público — uma abreviação de *off the record*. (Algo como "fora da gravação".)

Álvaro Pereira Jr. era o terceiro dos diretos de meu chefe — e o seu vice. Esse era o triunvirato — Álvaro, Fred e Cadu — com que meu chefe contava na hora de pensar e tocar o programa. Não era fácil entrar naquela redoma. Eu era apenas o mais recente — e talvez o mais graduado — membro da tripulação a ficar do lado de fora. Só que, por ocupar um cargo de confiança, aquela exclusão me expunha de modo embaraçoso.

Meus diretos foram desde o início confrontados com o dilema de se reportar a mim ou não. No papel, eles deveriam fazê-lo. Na prática, a vida continuava sendo resolvida diretamente com meu chefe. Isso acabava me retirando do fluxograma. Era como se eu estivesse ali, mas, de verdade, não existisse. Aquele era um sinal importante para a Redação. E bem desfavorável para mim.

Desenvolvi uma camaradagem com alguns de meus diretos. Íamos quase sempre almoçar juntos. Era como se tentássemos fingir por alguns instantes que aquela situação não era do jeito que estava se anunciando. Mas a verdade é que havia uma tensão crescente entre o meu desejo — e necessidade — de entrar para a távola redonda e a resistência que me mantinha do lado de fora. Eles dividiam copos e talheres comigo ao meio-dia para logo em seguida, à tarde, se verem obrigados a tocar as rotinas do programa à minha revelia, contribuindo, de modo mais ou menos involuntário, para o esvaziamento da minha função.

Além da simpatia, que sobreviveu como lembrança, meu sentimento geral por eles é de gratidão. Eles foram corteses comigo, enquanto se equilibravam naquele teatro que apontava desde o início para o meu isolamento. Até onde pude enxergar, eles sempre foram gentis, no limite do que lhes era possível fazer, ao lidar comigo nos momentos mais difíceis. Esses são gestos que a gente não esquece.

Luiz Petry era outro editor de primeira linha com quem o *Fantástico* contava. Petry havia conduzido no programa o quadro "Mr. M", narrado com grande sucesso por Cid Moreira no fim dos anos 90. "Mr. M" talvez tenha sido uma das últimas febres nacionais lançadas pelo *Fantástico* — em 2007 surgiria o "Bola Cheia/Bola Murcha", quadro desenvolvido pelo apresentador Tadeu Schmidt e pelo editor Gustavo Poli. Na época os dois ainda pertenciam à equipe da Central Globo de Esportes e lideraram o time que redesenhou a exibição do futebol no *Fantástico*, a pedido do meu chefe, que considerava acertadamente que o formato antigo estava envelhecido. Em 2011, surgiria ainda o "Medida Certa", quadro que mobilizou um bocado de gente ao longo de cinco edições.

Enquanto Fred, Cadu e eu tínhamos mais ou menos a mesma idade, Petry era uns dez anos mais velho. Um dia ele me contou que tinha a coleção completa de *Revista das Religiões* — outro título que eu havia lançado na Abril alguns anos antes. Senti orgulho. Depois da menção de Eugenia à *Vida Simples*, aquela declaração de Petry era o segundo elogio que eu recebia no *Fantástico* — ainda que em referência ao meu trabalho anterior.

Petry era o pai zeloso de duas meninas adolescentes. E ia ser pai de novo. Conversávamos muito sobre paternidade. Ele fechava matérias importantes. Mas eu achava que ele podia ocupar uma posição mais central no *Fantástico*. Claro que não dependia de mim. Era eu ignorando os sinais e agindo como se tivesse de fato alçada para agir como chefe de redação do *Fantástico* no Rio. (Cargo no qual, aliás, o próprio Petry me substituiria alguns meses depois.)

Eu fazia questão de ler a reserva do meu chefe em relação a mim como um convite a que eu mostrasse serviço. Era essa a crença que me levava adiante. Aos poucos, ia percebendo como era difícil ser aceito ali. Era difícil entrar. Era difícil pertencer. A sensação que eu tinha era de que a cada dia me afastava mais do que deveria estar realizando.

Meu jeito de lidar com isso foi puxar para mim aquilo que ninguém mais queria fazer. Era preferível ter coisas áridas para resolver do que não ter nada para tocar. Quem sabe assim eu não conseguia começar a ajudar de fato? Uma dessas missões que abracei foi cuidar das extensões da marca *Fantástico*, junto à Globo Marcas. O que me trouxe a oportunidade de envolver Petry em um projeto mais autoral.

A ideia era expandir as marcas da TV Globo para outras plataformas. Eu me voluntariei para encarar uma série de reuniões para estruturarmos o plano de extensão da marca *Fantástico*, que era vista pela Globo Marcas como uma das mais promissoras da casa para aquele fim.

A *Superinteressante* tinha tido grande sucesso alguns anos antes expandindo sua marca para outros produtos e ambientes — tínhamos feito edições especiais, DVDs, CDs, CD-ROMs, almanaques, livros e até uma grife de camisetas. Sem falar na *Capricho*, que dirigi depois, no Núcleo Jovem, e que já era quando cheguei um dos cases mais notáveis de franquia de marca do mercado editorial brasileiro, com uma linha portentosa de perfumes, meias, calcinhas, acessórios, cadernos, agendas, diários, eventos e programas de televisão e de rádio.

Um dia, ao sair de uma longa reunião, com uma lista consensual de produtos a lançar com a marca *Fantástico*, que eu chamei de *to do list* ("lista de coisas a fazer"), minha interlocutora na Globo Marcas disse que considerava o resultado da nossa discussão apenas uma *wish list* ("lista de desejos"). Na prática, isso esvaziava nossa negociação até ali e não gerava nenhum compromisso.

Com o tempo comecei a expressar meu descontentamento com aquele jeito de conduzir o projeto. Começava a fazer desafetos fora da Redação do *Fantástico* num momento em que eu precisava de aliados. Uma das regras mais caras para sobreviver na vida corporativa é conhecer o seu lugar e se ater a ele. Outra é construir alianças que lhe amparem. Duas regras que eu ignorei.

Finalmente, consegui chamar Petry para editar uma coleção de DVDs com os melhores momentos do *Fantástico*, que se preparava para comemorar 35 anos em 2008. O programa já tinha lançado um ou dois DVDs temáticos com a sua marca antes. Mas havia espaço para fazer mais. A ideia era enxergar os últimos 35 anos pela óptica do *Fantástico*, mostrar como o programa tinha coberto os grandes acontecimentos em várias áreas da vida do país e do mundo ao longo da sua história.

Petry fez uma ótima garimpagem nos arquivos do CEDOC — o Centro de Documentação da TV Globo —, e erigiu uma lista poderosa de reportagens para o DVD. O projeto, no entanto, acabou não indo adiante. Deixou de ser prioridade. O processo desgastado e o resultado inexistente, imagino, não devem ter rendido pontos a meu favor internamente.

Outros companheiros de Redação eram Geneton Moraes Neto e Eduardo Faustini, além de Alberto Villas, o subchefe da Redação paulistana, que vinha de São Paulo para as reuniões de pauta e para os fechamentos. Villas era um mineiro boa-praça, parisiense de coração. Era autor de livros de *memorabilia* pop, de curiosidades nostálgicas, de jornalismo *flashback*. Ouvi de Pedro Bial, logo no dia em que fui apresentado a ele pelo meu chefe, que o último livro de Villas era "um biju, um mimo" — uma alusão bem posta às obras de olhar minimalista e sentimental que Villas compunha.

Geneton Moraes Neto havia sido chefe de redação do *Fantástico* no Rio antes da minha chegada. Aparentemente, ele preferia se dedicar a produzir e editar suas próprias matérias. Geneton era possivelmente o melhor entrevistador da televisão brasileira. Ele tinha chegado a um ponto na carreira em que pautava, protagonizava e finalizava suas próprias produções jornalísticas. Seu formato por excelência era a entrevista cara a cara, em estilo pergunta e resposta (que no jargão jornalístico chamamos de "pingue-pongue").

Geneton não fazia locução — quase sempre chamava Sérgio Chapelin para ser o narrador de seus VTs. Nem fazia passagens — ou seja, dificilmente ficava de microfone em punho, conversando com o telespectador. Aparecia no vídeo em geral à frente do seu entrevistado, na hora de fazer as perguntas, e, portanto, de lado para o público. Como numa metáfora do seu respeito pelo conteúdo e de seu relativo desinteresse pelo glamour de aparecer na tela.

Ele sabia ser cordial com o entrevistado sem incorrer num estilo de entrevista de televisão que sempre me incomodou muito, em que o entrevistador se coloca como "amigo" do entrevistado. Ao sugerir um relacionamento pregresso, às vezes íntimo, com o personagem, o entrevistador compromete sua independência. Ao assumir seu lugar ao lado do entrevistado, sublinhando sua condição de celebridade também, num mundo privativo e edulcorado, essa estirpe de entrevistador de TV joga no lixo sua isenção. Em nome de criar um clima descontraído, a entrevista vira uma conversa entre confrades, com o entrevistador mais interessado em ser cordato, ou até mesmo subserviente, diante do personagem, do que em extrair dele esclarecimentos a um ponto obscuro da conversa ou uma verdade inaudita.

Um bom entrevistador confronta o entrevistado, faz perguntas inconvenientes, toca em pontos nevrálgicos, endereça tabus, fala precisamente dos assuntos sobre as quais o personagem preferiria não comentar. A entrevista, como ferramenta jornalística, existe para um único propósito: jogar luz sobre temas que estão no escuro — e que, se depender do entrevistado, continuarão por lá. Pode-se fazer isso com graça, com charme, com delicadeza e respeito — mas é fundamental fazê-lo. O único interesse que deve ser levado em consideração pelo jornalista no exercício da sua função é o do leitor, do telespectador, do ouvinte. Numa boa entrevista, o entrevistador representa as dúvidas e as questões da audiência — o que exclui na origem compadrios de qualquer ordem com o personagem. Ao estabelecer uma cumplicidade com o entrevistado, o entrevistador troca de lado e trai a sua missão.

Geneton tinha uma carreira sólida em mídia eletrônica — e era um amante da mídia impressa. Era um homem de letras, com texto escorreito e vários livros publicados a partir de suas longas entrevistas. Ao observá-lo, aprendi a admirar a televisão que ele fazia. E a desgostar do que lhe era avesso: o verniz sem lastro, o charme barato e os recursos visuais que disfarçam uma apuração ruim, o ritmo veloz que maquia um conteúdo fraco e a abordagem superficial, as soluções fáceis, os lugares-comuns escondidos sob o argumento de que a mensagem em TV precisa ser simples e direta. Ou então o jornalista que puxa sempre para si o protagonismo da história, falando mais do que a fonte que lhe caberia ouvir, a falta de estofo e de preparo de vários profissionais que posam como profundos conhecedores de quase tudo, a falta de tempo para lapidar melhor o que vai ao ar.

Conheci Geneton já instalado numa salinha anexa à Redação do *Fantástico*. Era uma espécie de repórter especial do programa e de conselheiro informal do meu chefe. Naquele momento, ele se dedicava a produzir reportagens históricas, buscando revelar o lado B de personagens de vulto e aspectos inusitados de eventos importantes. Assim, garimpava ótimas pautas e obtinha alguns furos temporões para lá de interessantes.

A partir de 2009, Geneton passaria a se dedicar ao programa de entrevistas *Dossiê GloboNews*, no canal de notícias homônimo. Dono de grande *wit* e humor, um redator afiado, com imensa capacidade para a síntese poética em títulos e chamadas, e um profissional cuja modéstia só era superada pelo enorme talento, Geneton morreria precocemente, aos 60 anos, em 22 de agosto de 2016, vítima de um aneurisma de aorta. Com sua morte, o Brasil, o jornalismo e a TV Globo perderiam um bocado de gentileza, elegância estilística e grandeza humana.

Eduardo Faustini era provavelmente o melhor repórter investigativo do Brasil. Você nunca viu o rosto de Faustini, apesar de já ter visto várias de suas reportagens. Faustini preservava a sua identidade para poder continuar gerando flagrantes de forma anônima. Suas matérias expunham escândalos, jogavam luz sobre esquemas escusos, denunciavam corruptos. Ele tinha ótimas fontes e também era pautado pelo próprio público, que enviava sugestões e pedidos de investigação para o *Fantástico*.

Participei de uma das matérias de Faustini. Era uma experiência que eu queria ter. Seria uma honra trabalhar com ele — como tive a oportunidade de lhe dizer na primeira vez em que nos encontramos. Então puxei para mim o trabalho de editá-lo quando ele resolveu desmascarar um médico charlatão denunciado por uma telespectadora. O sujeito vendia, em São Paulo, por alguns milhares de reais, supostas cápsulas de óleo de peixe com ômega 3 como uma solução infalível para o câncer. Faustini se apresentou como um paciente desesperado e gravou toda a consulta com uma câmera oculta. Recebi o material já gravado e me deliciei montando o roteiro do VT. Faustini estava acostumado a fechar suas reportagens com seus editores de confiança. Mas me permitiu "duplar" com ele.

De um lado, creio ter conseguido montar uma reportagem sólida, de quase oito minutos, que abriu o programa num dos domingos subsequentes. Dono de um enorme senso de humor, a grande arte de Faustini era confrontar o mais safo e salafrário dos falsários — e ludibriá-lo, na caradura, sob a luz do dia. Esse era o seu desafio íntimo, o seu talento, o seu regozijo pessoal: dar a volta nos mais lisos meliantes do país, enganando os enganadores, golpeando os golpistas, vencendo os mais astutos estelionatários no jogo deles, com as regras deles, no território deles.

Eu havia me preocupado muito com a precisão das informações, em não deixar espaço para tomarmos um desmentido público ou um processo judicial. Havia me dedicado a checar e a provar cada detalhe do que estávamos denunciando, a costurar todas as evidências numa peça jornalística irretorquível. Mais tarde, um colega comentaria que o VT poderia ter tido muito mais repercussão se eu tivesse soltado um pouco a mão. Se eu tivesse, por exemplo, guardado algum material para suitar a matéria — chamamos de "suíte", em jornalismo, a sequência de uma reportagem, o seu desdobramento, com novas informações ou com a sua própria reverberação. (Em revistas, ao contrário, as grandes reportagens geralmente buscavam esgotar o assunto para que o veículo não precisasse voltar àquele tema tão cedo.)

Era mais um centavo de sabedoria televisiva que eu amealhava — e que nem sempre chegava a mim no momento que seria o mais conveniente às minhas chances de sobrevivência naquele ecossistema. Havia truques de *show business* que eu precisava aprender. Em televisão, os aspectos sensoriais, o impacto gestáltico da matéria, a dimensão de espetáculo são muito importantes, mesmo quando é de jornalismo que estamos falando. O poder da imagem é inexcedível e não deve ser subestimado. Em TV, tudo é espetáculo — inclusive a notícia. Tudo tem um potencial de eco e uma lógica promocional que precisam ser levados em conta. A capacidade de reverberação de um conteúdo pesa tanto quanto o conteúdo em si.

Tempos depois, quando já estava claro que eu não participava dos processos de decisão editorial do programa, um colega que eu admirava passou por mim, afogueado. Tentara, sem sucesso, vender à cúpula do programa seu ponto de vista sobre uma pauta que lhe parecia de importância óbvia. Então veio até a minha mesa argumentar comigo, de modo acelerado. Afinal, aquela era a mesa do chefe de redação. Falava um pouco para si mesmo, um pouco para quem estava em volta ouvir e um pouco para mim. Eu o ouvi. Olhava para ele provavelmente com uma expressão de "estou lhe escutando, simpatizo com a sua situação, mas você sabe, e eu também sei, que não tenho poder de decisão algum, então não posso fazer nada a favor do ponto que você está defendendo".

Imagino que houvesse um vazio miserável em meus olhos. Meu colega saiu dali quase sem terminar seu apelo, levando as mãos à cabeça, puxando um pouco os cabelos. Ele estava exasperado o suficiente para ter vindo até mim. Ele protagonizava uma cena de desassossego explícito, rara de ver na Redação — não era assim que se lidava com a frustração por ali. Também por isso jamais vou esquecer dela.

A situação não era digna daquele colega — sinto muito que ele tenha tido que passar por aquilo. A grande paixão que ele tinha pelo jornalismo e pela profissão escorria pelo ralo, bem à minha frente, sem que eu pudesse fazer nada. Aquela situação não era digna de mim também. Da minha história no jornalismo e como gestor de gente. Trata-se de uma fotografia feia, sem possibilidade de retoque, na qual me enxergo pateticamente inserido.

A sensação de invisibilidade, de virar um ser incorpóreo, de se transformar numa presença irrelevante no escritório e na empresa é uma das piores que já experimentei na vida.

Eu perdia, em momentos como aquele, o respeito dos outros. Pior: eu começava a perder o respeito por mim mesmo.

5

Uma questão me pegava frontalmente. Nós tínhamos dois dos melhores editores de TV do país. O melhor entrevistador. O melhor repórter investigativo. Um dos melhores produtores. Como podíamos patinar, com talentos daquele calibre na Redação? O caminho da reversão do mormaço que se abatera sobre o programa implicava resolvermos aquela contradição.

Havia um ponto importante: não tínhamos um consenso acerca do que o programa deveria ser. Precisávamos de um projeto claro que nos unisse em torno do mesmo objetivo e permitisse a todos remar para o mesmo lado. Havia uma receita — mas ela não estava visível para todo mundo. Nós nos movíamos muito no plano tático e operacional, mas entrávamos pouco no terreno estratégico, de discussão de para onde — e como — devíamos ir.

No que investir? O que não fazer mais? O que estava dando mais certo em televisão — aqui no Brasil e lá fora? Com que ameaças devíamos nos preocupar? Que oportunidades tínhamos que explorar?

O dia a dia nos absorvia e deixávamos de refletir sobre inovação, transformação, adaptação, reinvenção. Talvez fosse um cacoete dos líderes de mercado não colocar suas fórmulas, formatos e paradigmas na revisão. E, ao contrário, proteger tudo isso dentro de uma redoma, à espera de que a realidade ao redor voltasse a se amoldar a seus jeitos tradicionais de fazer e de pensar.

A ausência de uma visão unívoca sobre o *Fantástico* permitia que cada um ali construísse suas próprias respostas para as questões que circundavam o programa. A equipe se aglutinava mais ou menos por preferências pessoais, como se fossem correntes políticas. Havia o pessoal do *hard news*, que não gostava de quadros e séries, porque eles esfriariam o programa. Havia o pessoal que gostava das matérias de serviço e não aprovava as matérias de denúncia porque elas tornariam o programa pesado e policialesco. Havia o pessoal que gostava de matérias cidadãs, e não apreciava o material artístico que vinha da Central Globo de Produção porque ele dilapidaria a consistência e o valor jornalístico do programa. E assim por diante.

A zona cinzenta conceitual também deflagrava uma guerra pauticida. O viés era quase sempre derrubar as sugestões de pauta alheias — e não torná-las melhores. Boa parte da medição de forças em um veículo jornalístico se dá na reunião de pauta — o momento em que a próxima edição é pensada, em que a escolha dos conteúdos que serão apurados e publicados é feita. A reunião de pauta é o momento em que o território é dividido, em que a capacidade de influenciar de cada um é posta à prova. Quem tem mais sugestões aceitas é mais respeitado pelo grupo. Da mesma forma, quem tem mais poder estabelecido costuma emplacar mais pautas. A ponto de, ocasionalmente, a qualidade da sugestão importar menos do que o rito de condecoração pública — ou, na ponta oposta da mesma régua, o atestado de irrelevância — que está sendo lavrado naquele momento.

Havia alguns rótulos com capacidade para mandar imediatamente uma pauta para a sepultura. Pautas "recorrentes" tinham morte súbita. Basicamente, assuntos perenes que já haviam sido de algum modo abordados no programa. Havia também as pautas "edificantes", que morriam por excesso de bom-mocismo. Bem como as pautas "chororô", que eram arrastadas para a cova por seu grau de pieguice ou de terceiro-mundismo.

Meu chefe cultivava o saudável ceticismo dos grandes editores. Era difícil fazer seu olho brilhar. Entrementes, eu me via cada vez com menos autoridade para fazer sugestões ao programa. Crescia em mim a incômoda sensação de estar *sempre* errado. Era uma luta inglória. Que me fatigava. À qual eu, no fundo, talvez jamais tenha me atirado como deveria para ter alguma chance de vitória.

Às vezes o clima de queda de braço no escritório é um estilo de gestão — em que você deixa todo mundo digladiar para que dali emerjam os sobreviventes, fortalecidos pelo embate. Essa é uma arena em que eu não sei — e nunca quis — atuar. Como chefe, nunca propus esse tipo de jogo. Como subordinado, nunca me dediquei a ele.

A reunião de pauta era conduzida por Zeca Camargo — posto que passei a dividir com ele. (Na medida do possível.) Meu chefe gostava que Zeca "animasse" a reunião, como dizia. Eu tentava conquistar meu espaço ali. Considerava aquela uma etapa importante no meu processo de afirmação diante do time.

Zeca estreou no *Fantástico* em 1996, no terceiro ano da gestão do meu chefe. Havia passado pela *Folha de S.Paulo*, pela *Capricho*, pela *MTV* e pela *TV Cultura*. E ficaria no *Fantástico* até outubro de 2013, quando foi para o *Vídeo Show*, onde permaneceu até abril de 2015.

Convidei Zeca para jantar logo que cheguei, como parte da minha estratégia de acoplagem ao programa. Eu queria, evidentemente, tê-lo como aliado. Zeca tinha construído um espaço próprio de atuação dentro do programa, item fundamental para a sobrevivência ali, e o defendia bem. Era um sujeito que cultivava a chamada *joie de vivre* — ou "alegria de viver". Comemos juntos um par de vezes — ótimas burratas e fartos risotos, quando dividimos o fechamento.

Toda terça, eu anotava as ideias apresentadas, já passando um filtro nelas. Depois, por volta do meio-dia, fazíamos uma reunião de cúpula com meu chefe, em que eu apresentava as pautas que havia selecionado. A minha peneirada estava longe de ser oficial — várias vezes coisas que eu deixava de fora eram trazidas à tona pelos outros. Da mesma forma, ideias que eu repassava com ênfase podiam ser tranquilamente ignoradas.

Havia certo esvaziamento da reunião de pauta. Ela era aberta a todos. Mas, na prática, as decisões editoriais eram tomadas depois, ao longo da semana, pela cúpula do programa. Então nem sempre os decisores compareciam à reunião. E, como efeito da disparidade de visões sobre o *Fantástico*, a reunião muitas vezes não era prolífica em boas ideias. O que realimentava a sensação de que ela não representava um foro essencial para a construção do programa.

Havia sugestões de todas as cores e formas. Como resultado, menos da metade das sugestões aprovadas semanalmente para o programa advinha da reunião de pauta. E, dos VTs produzidos a partir das pautas aprovadas, em média metade terminava na gaveta.

A gente chama de "gaveta", em jornalismo, o limbo para onde migram as reportagens que são produzidas e não são veiculadas. Aquilo me incomodava como gestor. É relativamente normal em uma publicação você derrubar matérias ao sabor dos fatos. Quanto mais quente a publicação, mais essa dinâmica se impõe. É comum também gerar um volume de conteúdo um pouco acima daquilo que se pode efetivamente publicar. Para ter um bom banco de reservas caso aconteça algum imprevisto com um titular. E para haver uma riqueza maior de opções na hora de escolher o material que será veiculado. Essa competição pelo espaço editorial é saudável para a publicação — porque é do interesse do leitor ou do telespectador que seja assim.

Mas quando a mortalidade do material produzido passa de determinado ponto, ela começa a se tornar uma ineficiência na gestão dos recursos disponíveis. Ou o time não está, como deveria, entregando um material de qualidade, ou você não está, como deveria, comunicando direito ao time o que quer.

De um lado, há o problema do desperdício — a produção jornalística demanda dinheiro, toma tempo, ocupa os talentos. De outro lado, há o problema do agastamento das expectativas das pessoas envolvidas. Quando você aprova a produção de um material que a experiência mostra que muito provavelmente não será publicado, é como aceitar o convite para jantar na casa de alguém já sabendo que dificilmente vai comparecer.

Em jornalismo, um dos clichês mais verdadeiros é aquele que diz que "editar é dizer não". Quanto mais cedo esse "não" for dito, melhor. A edição mais eficiente é aquela feita a priori — quanto mais decisões e encaminhamentos você conseguir realizar *antes* da produção da matéria, mais célere e certeiro será o processo e menos equívocos, incompreensões e retrabalho haverá à frente.

Aquele jeito de fazer acarretava um problema adicional, ligado à operação. A definição das matérias que iriam ser produzidas na semana em geral só saía no final da terça. Normalmente se folgava na segunda no *Fantástico* — a tensão da semana anterior só se encerrava de verdade, ao menos para quem estivesse de plantão, quase à meia-noite de domingo, depois que os créditos subiam e entregávamos o bastão da programação para a próxima atração.

Então só conseguíamos distribuir as tarefas para o time na quarta. E a produção ficava com apenas três dias úteis para agendar as entrevistas e as gravações e para colocar o programa de pé.

O problema era importante inclusive pela alocação de recursos internos comuns — os melhores cinegrafistas, por exemplo, já estavam na metade das suas semanas de trabalho, com boa parte do seu tempo comprometido com demandas de outros programas.

E havia ainda empecilhos externos, a começar pela agenda dos entrevistados e dos personagens. Muitas vezes o tempo de produção empurrava os repórteres a só começar a trabalhar mesmo na quinta ou na sexta. Os editores de texto ficavam espremidos na sexta e no sábado e os editores de imagens ficavam, mais do que todos, prensados lá no fim da linha — permaneciam ociosos ao longo da semana e trabalhavam de modo sobre-humano no sábado e no domingo, emendando os dias e as noites para finalizar os VTs.

Dava para organizar melhor, de modo mais eficiente, esse fluxo de trabalho. Era possível fazer melhor — e talvez azeitar esse processo fosse uma contribuição que eu pudesse dar naquele momento. Mesmo sabendo que aquilo poderia abrir uma rota de colisão com a cultura estabelecida ali, acabei levantando essa bandeira: recombinar o jogo para todo mundo trabalhar melhor — e, possivelmente, menos.

Me bati para fecharmos a lista de pautas aprovadas e para distribuirmos as tarefas à equipe na terça antes do almoço. Com isso, ganharíamos quase um dia a mais de produção na semana. Só que teríamos que ser mais pontuais e objetivos na reunião de pauta. É claro que eu não faria nada disso sem soar antipático. A coisa mais difícil que se pode pedir a alguém é que mude um hábito. Então, para operar uma mexida como aquela, eu precisaria estar muito bem calçado. E eu não estava.

Tratava-se de outra missão inglória — que eu considerava cívica. Ia tentando aprimorar a engrenagem — um bocado contra a vontade das pessoas que a haviam montado e que consideravam que não havia nenhum problema ali a ser resolvido. Era evidente que eu sairia dilapidado daquele processo. Naquele momento, no entanto, eu acreditava que lutar a boa luta era uma justificativa suficiente. E que os resultados positivos virariam, em algum momento, o jogo a meu favor. E que fazer a coisa certa, mesmo em terreno espinhoso, era melhor do que permanecer exilado dentro do escritório.

Segurei essa corda até o final, sem contar com a simpatia nem mesmo de quem eu estava sinceramente empenhado em ajudar. A resistência se manteve. Até que percebi que quem estava resistindo ali era eu, com minhas ideias de melhoria — a força hegemônica apontava para a manutenção das coisas do jeito que sempre haviam sido.

Havia uma lição ali: não faz sentido impor sua ajuda a quem não a está solicitando. Eis outra frase ótima que aprendi com um colega naquele ano: "colocar o seu tijolo na parede alheia nunca dá certo." As bitolas e tonalidades de cor são sempre diferentes. E, no entanto, esse é um esporte bizarro e perigoso dos amantes da arte gerencial: ficar arranjando problemas para resolver, arestas para aplainar ou, simplesmente, sarna para se coçar.

Alguém um pouco mais safo teria, ao primeiro rechaço, ou mesmo antes dele, ficado na sua, jogando no contra-ataque, tratando de se adaptar ao novo ambiente e de deslizar a favor da correnteza. Essa é a dramaturgia que define a vida corporativa: não crie problemas. Saiba a hora de ignorar — ou mesmo de negar — os problemas existentes. Não se meta onde você não foi chamado. Não faça o que não lhe foi solicitado.

Tentei implementar também uma ferramenta de gestão editorial — uma reunião semanal de avaliação. A ideia era pararmos um momento para analisar o programa anterior. Na reunião de pauta, geralmente dizíamos duas ou três frases sobre o que tínhamos levado ao ar no último domingo. Mas o foco era sempre o próximo programa. Não conversávamos a fundo sobre os acertos, de modo a reproduzi-los, nem sobre os erros, para não repeti-los.

A reunião de avaliação seria um momento para feedbacks diretos da cúpula do programa para o time. Era o que todos queriam. Então fiquei surpreso quando a iniciativa foi vista pela Redação como mais uma tarefa a ser realizada e não como uma oportunidade para melhor compreensão das diretrizes e das expectativas.

O único dia disponível para a reunião de avaliação era a segunda. No início do ano, a mulher do meu chefe tinha organizado um curso junto à Casa do Saber, um treinamento exclusivo para a equipe do *Fantástico*, que seria ministrado nas segundas à tarde. O que uns viam como uma oferta generosa — a chance de participar gratuitamente de um seminário com palestras de alguns dos melhores professores do país —, outros viam como uma demanda extra, como um compromisso de trabalho num dia tido como de descanso.

Esse era um ponto nevrálgico. Segunda era um dia de folga para quem havia trabalhado no fim de semana — que acabava sendo gozado por quase todos, mesmo aqueles que não tinham feito plantão, como uma espécie de direito adquirido. Eu havia enfiado a mão na cumbuca.

A reação do time à marcação das reuniões de avaliação não foi boa. A turma veio em levas até a minha mesa protestar. Argumentei sobre a importância de termos um momento para avaliar o trabalho. Disse que toda grande publicação tinha algum tipo de ferramenta como aquela — para escárnio (quase incontido) de uma editora que, como eu, tinha vindo da grande imprensa escrita. De fato, aquilo era um exagero da minha parte. Não havia muitos ambientes jornalísticos em que os profissionais discutissem abertamente sobre o produto que geravam. (Jornalistas, em geral, não gostam de discutir seus métodos e nem os méritos ou os resultados do seu trabalho.) Mas conhecia, sim, algumas Redações que haviam adotado instrumentos similares, com enorme sucesso.

Enderecei a meu chefe uma espécie de desabafo — talvez o único em todo o tempo em que convivemos. Minha diretriz era sempre poupá-lo das minhas agruras. Mas ali lhe disse algo como "não vou mais me desgastar sugerindo coisas que já sei que não serão acatadas". Ele me ouviu. Estávamos em sua sala. Em seguida, ele se levantou e chamou uma reunião relâmpago com todo mundo, no meio da Redação. E foi muito enfático em dizer que as suas determinações, e as minhas, deveriam ser seguidas.

Evidentemente, aquele evento foi contabilizado por todos na minha conta — com tinta vermelha. Ao fazer uma defesa da minha posição naquele imbróglio, meu chefe antagonizava abertamente a Redação — um momento raro. Mais do que um estorvo, eu começava a me tornar uma ameaça à paz geral. O que me fortaleceria acabou me fragilizando ainda mais.

Não muito depois daquela passagem, numa terça, logo depois da reunião de pauta, estava com a cúpula do programa na sala de reuniões, repassando minhas anotações para apresentá-las a meu chefe, como sempre fazia, quando ele entrou e se dirigiu a um colega: "E aí, o que temos?"

Baixei os olhos aos meus papéis, tentando assimilar o baque. Meu colega revirava suas anotações, de modo a responder àquela solicitação extemporânea. Permaneci ali, quieto, com o sangue latejando atrás do rosto, com meu bloco de notas fechado sobre a mesa, enquanto as pautas da semana iam sendo repassadas à minha revelia. Mesmo em um momento como aquele, em que as tapadeiras do cenário caíam por terra e revelavam a crueza das coxias, eu só pensava em ir adiante. Não me ocorria desistir.

Se tivesse que escolher apenas um episódio, para voltar lá e ter a chance de levantar e ir embora, acho que escolheria esse.

6

Havia na Redação uma aura de desencanto. O que me impressionava, porque estávamos falando de uma das possibilidades de emprego mais sedutoras do jornalismo brasileiro. Nós precisávamos desatar aquele nó.

Assim que cheguei, fui inteirado de algumas questões relacionadas à equipe. E me debrucei sobre elas. Costumava ser reconhecido, antes de entrar na TV Globo, como um bom montador de times. A receita que eu adotava era simples: contratar só gente melhor do que eu. E deixar essas pessoas trabalharem, brilharem, me empurrarem para cima.

Era uma fórmula infalível, que eu havia aprendido com Paulo Nogueira, meu antigo chefe, e com José Roberto Guzzo, o antigo chefe de Paulo. Não competir com o subordinado. Não se sentir ameaçado pela competência de quem trabalha com você. E assim contratar os mais brilhantes que cada faixa salarial pudesse atrair.

O contrário disso é contratar profissionais piores que você, para não lhe fazerem sombra, para poder controlá-los mais facilmente. Isso transforma a vida do subordinado — e também a do chefe — num inferno. Contratar gente ruim significa, para o chefe, ter que trabalhar muito mais e de uma maneira muito menos inspiradora — ele terá que fazer o seu trabalho e também, em grande medida, o do funcionário.

Como resposta àquele tabuleiro que me foi apresentado, me propus a mapear os talentos, com a minha visão fresca, de recém-chegado, ressalvando precisamente o meu pouco tempo de contato com a equipe. Em algumas semanas apresentei a minha leitura ao meu chefe e ao chefe de redação de São Paulo. Basicamente, havia cruzado dois critérios: competência técnica e entusiasmo. Talento desmotivado pedia um tipo de tratamento. Motivação desprovida de talento pedia outro. E assim por diante. Com esse mapeamento poderíamos começar a estabelecer um consenso sobre como agir, caso a caso. No fim, nada aconteceu. A conversa morreu ali.

Muito tempo depois vim a saber que meu mapeamento vazou, de algum modo, para a Redação. Que bom que eu pudesse ter tido a chance de apresentar a íntegra da minha análise ao time, os detalhes exatos das minhas considerações. Infelizmente o que chegou a eles foi uma versão da realidade editada à minha revelia.

Como resultado, a primeira impressão que a Redação formava de mim — aquela que, segundo dizem, é a que fica — era de alguém com um tridente na mão, que tinha chegado com a sanha de demitir um monte de gente. Antes mesmo que a turma memorizasse meu nome e meu ramal, eu estava fixado como o adversário a ser banido.

Muita gente assumiu, a partir daquele episódio, uma postura hostil em relação a mim. A temporada de caça ao novo chefe estava oficialmente aberta. Quando me dei conta, tinha virado "alemão" — para usar uma gíria carioca, que quer dizer "inimigo" — ou "forasteiro".

Não há pior sinal para um chefe do que ser desautorizado publicamente. Não demora muito para que a posição de isolamento e desconexão se transforme numa espécie de pelourinho. E não há esporte coletivo mais divertido no escritório — bem como na escola, no clube, em qualquer agrupamento humano — do que tirar alguém para cristo. Se esse cara for o seu superior, aí vira festa.

Depois da reunião de pauta, boa parte da Redação saía junta para almoçar. Nunca fui convidado. Um colega me confidenciaria mais tarde que um dos temas recorrentes naqueles repastos era a malhação do novo chefe de redação.

Acredito também ter recebido, ao longo do caminho, alguns olhares de solidariedade silenciosa. Esses sinais são um alento quando você está acuado. Gostaria que esses colegas soubessem que eu percebi o seu gesto. E que lhes sou grato por isso.

Não há vácuo no poder — eis outra grande verdade corporativa. Os espaços estão sempre ocupados. Então é do interesse do grupo estabelecido manter o *status quo* e excluir a novidade, que é sempre vista como ameaça. A ideia de mudança costuma causar mais medo do que a de manter o que já se tem — mesmo quando se está infeliz. Se a situação atual é ruim, ela ao menos é conhecida e está garantida. No fundo, o que a maioria de nós quer é assegurar nosso lugar do jeito que ele é — por mais que reclamemos dele.

Talvez eu tenha sido ingênuo no episódio da análise do time. Mas penso que faria tudo de novo, do mesmo jeito. Afinal, era a devolutiva de um pedido que me havia sido feito formalmente. E para cumprir aquela missão eu não tinha sido desleal com ninguém.

Quando a admiração e a confiança desaparecem numa relação funcional, a melhor coisa a fazer, a mais digna, é não ir adiante. Temos a tendência de tentar salvar nossos empregos a qualquer custo. Sem nos darmos conta do enorme atraso de carreira que é ficar trabalhando num lugar em que somos infelizes ou em que estamos desprestigiados. Posso falar pelos dois lados dessa equação — como chefe e como subordinado. Mais do que ninguém eu deveria ter lançado mão dessa lógica simples: nem sempre quem sai — ou é saído — se dá mal, e nem sempre quem fica se dá bem.

De outro lado, um chefe tem que poder demitir e contratar quem ele quiser. Diante dos enormes desafios que costumam enfrentar, gestores precisam ter a prerrogativa de montar o melhor time possível, segundo a sua ótica e dentro do orçamento que lhes é confiado. Quem tem responsabilidade pelo resultado deve ter como contrapartida a liberdade de construir as melhores condições para alcançar suas metas.

Infelizmente, a organização interna é às vezes bastante cartorial. O terreno corporativo não raro está todo esquadrinhado em faixas de poder e influência, com o objetivo de garantir, de um lado, o controle, e, de outro, o equilíbrio entre as forças políticas existentes na empresa — ainda que isso coíba muitas vezes o dinamismo, a eficiência e a racionalidade das ações e dos processos.

Ali, era importante possuir uma certidão de pertencimento — gerada ou por um direito de nascença (você era filho de alguém) ou por um direito de matrimônio (você era casado com alguém) ou ainda por um direito de indicação (você era apadrinhado de alguém).

É evidente que havia lugar para a meritocracia — mas ele era restrito. Eram raras as certidões de pertencimento carpidas meramente nos resultados produzidos, na obra gerada, no puro talento.

Um editor um dia me disse — "todo mundo tem uma boa razão para estar aqui". De fato, havia a filha de alguém, a sobrinha de alguém, o filho de alguém, a irmã de alguém, o indicado por alguém e mais de uma esposa de alguém.

Havia também acomodações — uma de ordem sindical, outra de ordem médica, além de algumas de perfil profissional expirado. Eram, a meu ver, questões importantes que deveriam ser resolvidas em nível corporativo, pela empresa, do modo mais humano e generoso possível — mas que não podiam ser depositadas na algibeira de um programa que enfrentava dificuldades e que precisava de um time o mais ágil e combativo possível para reverter a situação de vulnerabilidade em que se encontrava.

A TV Globo era famosa por sua generosidade com funcionários em momentos de necessidade. Dependendo da sua posição, a empresa lhe ajudaria como provavelmente nenhuma outra corporação brasileira jamais sonhou fazer pelos seus executivos. Uma atuação que decorria, provavelmente, do modo como o departamento artístico sempre cuidou das estrelas da casa.

Dividi essa visão em algum momento com a cúpula do programa. E, como vim a saber depois, isso também foi bater na base da Redação: espalhou-se a ideia de que eu estaria propondo a execução sumária daqueles companheiros que impunham cuidados especiais.

Aquele corpo funcional, de outro modo desunido, do qual eu queria tanto fazer parte, de novo se fechava contra mim. A arte de unir desafetos é uma especialidade que de vez em quando pratico, inadvertidamente. Nada mais eficaz para amenizar posições antagônicas do que a formação de uma aliança contra uma ameaça em comum.

Não é raro que haja nas empresas áreas de estacionamento profissional, para a reciclagem de talentos. Normalmente em porções menos sensíveis do negócio, em que a dinâmica é mais tranquila e os riscos são menores. Não em um produto estratégico atravessando tempos de provação.

Isso expunha, antes de mais nada, enorme confiança na marca, na tradição e na eternidade da obra construída no passado — como se o avião fosse continuar em voo de cruzeiro eterno, independentemente da tripulação a bordo.

Essa função de estaleiro, do programa, também sobrecarregava os talentos que realmente faziam a diferença ali. Era uma situação em que todos perdiam — tanto quem estava encostado, sem avançar, quanto quem era muito bom e tinha que carregar outros fardos, além do seu.

O irônico em relação aos meus esforços para fortalecer o time é que o primeiro a sair seria eu mesmo.

Meu chefe havia me dito, logo que cheguei, que em seus mais de 30 anos de televisão só tinha conhecido um sujeito vindo da mídia impressa que não tinha dado certo na mídia eletrônica. Ele me contava as histórias daquele profissional, que tinha ficado menos de um ano em televisão, para me fazer ver que se tratava de uma enorme exceção e que era praticamente impossível que eu fosse repeti-la. Alguns meses depois eu ofereceria àquele cidadão, no pódio dos ejetados, a minha modesta companhia.

Um jeito de resolver a minha situação era pedir demissão. Outro jeito era ficar. E, ficando, abraçar a gastura do modo mais conveniente para mim — preservando meu salário pelo maior tempo possível. Acabei não fazendo nem uma coisa nem outra.

A minha estratégia era fingir, para os outros e para mim mesmo, que não estava enxergando as evidências. Não acusava os golpes e seguia avançando celeremente contra a lança. Levava adiante minha sanha por me tornar útil, por encontrar uma brecha na muralha, tentando resolver problemas para o programa.

A certa altura, identifiquei que as nossas relações com um departamento interno que nos prestava serviços não eram as melhores. Outra vez, dei um passo em direção a um pepino do qual todos preferiam desviar. Essa mania de dar uma banana para o senso comum (e para o bom senso), e correr o risco de fazer diferente dos demais, é uma espécie de transtorno obsessivo-compulsivo que me acomete às vezes. Basta que me sinta forçado pelas circunstâncias a ir para um lado, seguindo quieto e de orelhas baixas o curso da manada, para que desembeste a cabrestear para o lado oposto. Já tomei um bocado de bordoadas por conta desse comportamento meio *kamikaze*. E não aprendo. Talvez porque haja lições de conformidade que simplesmente não quero aprender.

Tentei repensar nosso fluxo de trabalho com aquele departamento, retomar a comunicação desarmada entre as partes, combinar melhor as coisas, diminuir a fricção nos pontos de contato. E angariei um bocado de antipatia dos dois lados.

Rixas interdepartamentais às vezes são um esporte — uma sutileza corporativa que é preciso compreender. Há duelos e oposições que ajudam a definir quem você é dentro da corporação. Então nem toda briga está ali para ser apartada — entre no meio dela e ambos os contendores passarão a bater em você para que você os deixe brigar em paz.

7

No Rio, você precisa ter um apelido. Entre cariocas, a irreverência é o melhor sinal de estima. Quando lhe tratarem com formalidade e deferência, abra o olho: você não é da turma, você ficou de fora.

Algumas vezes chamei meu chefe pelo apelido com o qual Álvaro Pereira Jr., o chefe de redação de São Paulo, o chamava. Como se eu pudesse contrabandear um pouco da simpatia e da confiança que ele nutria por Álvaro ao fazer uso daquele apelido.

De outra feita, me peguei emulando o jeito de rir de meu chefe. Emprestar trejeitos de outra pessoa, talvez como sinal de submissão, é um negócio obsceno. Se é possível olhar para trás e sentir vergonha alheia de si mesmo, esse é o sentimento que guardo por mim ao lembrar esses dois momentos.

A necessidade da aprovação alheia é uma chaga. Imaginar que tudo que não for aplauso é apupo, ou que qualquer reação mais contida do interlocutor signifique rejeição, é um comportamento patético.

Da mesma forma, o caminho de resolver as diferenças simplesmente abrindo mão das suas posições não é um bom caminho. Por que a tese *antagônica* é sempre a minha — e a voz *hegemônica* é sempre a do outro? Isso é deixar de ser seu amigo, é se sabotar, é trair a si mesmo.

Minha família não estava se adaptando bem ao Rio. Eu procurava gastar todas as horas que podia com eles. Chegava para trabalhar no final da manhã e ficava na Redação geralmente até depois do *Jornal Nacional*, por volta das 21h. Nos dias em que eu ia "emburacar" até altas horas — outra expressão divertida que aprendi por lá — fazia questão de almoçar em casa. Chegava na Redação logo depois do almoço. E só voltava para casa de madrugada.

Nunca ninguém fez qualquer comentário a respeito dessa rotina que estabeleci. Mas, como um colega me confirmaria tempos depois, o fato de eu resguardar minha vida fora do trabalho não pegava tão bem.

Não costumava medir o trabalho pelo tempo dispendido ou pelo esforço empregado — mas, sim, pelo resultado. O valor estava no que o sujeito entregava e não no eventual martírio enfrentado por ele para chegar lá. Se ele chegasse lá sem martírio, tanto melhor. Ali, no entanto, é provável que eu estivesse sendo lido como alguém que não estava se entregando suficientemente.

Em casa, assistindo ao canal *Discovery Kids* com meus filhos, via os créditos subindo depois das animações, com um monte de profissionais ocupando um monte de funções, e lembrava que eu ainda não tinha uma função no programa. Eu estava no time, mas, de fato, não fazia parte dele. Eram momentos em que a ansiedade crescia — junto com uma forma bem bocó de autopiedade.

Olhava para meus filhos, ainda bebês, recém-aprendendo a andar e a falar, e me perguntava até quando conseguiria sustentar aquela situação esquisita de carreira. Aquele plano, no qual eu tinha investido tanto, estava baseado numa quimera que eu não estava conseguindo transformar em realidade. Talvez o fato que eu tentava evitar estivesse se impondo: minha aventura na TV Globo estava naufragando.

Já estava claro que eu não era o segundo do programa no Rio. Arrumava problemas para resolver de modo a não ficar parado — o que não me salvava de gerar resistência e atritos. Não pude atuar no planejamento editorial. Nem na melhoria dos processos. Nem na gestão de talentos. Já estava no terceiro plano de voo, sem encontrar encaixe naquela estrutura monolítica.

Então, enxerguei à minha frente a chance de cair no dia a dia da produção e ajudar a fazer o programa com minhas próprias mãos, operando como editor. Era algo que a rigor eu não deveria fazer. Eu era muito caro para aquela função. Mas era o que me restava. Ainda assim não foi fácil arranjar o que fazer. Precisei enfiar a mão no cesto das tarefas operacionais e roubar dali algumas incumbências.

Aquela era a minha quarta tentativa de conexão com a engrenagem. Eu mesmo me atribuía as tarefas, que acabavam sendo iniciativas isoladas, sem muita perspectiva de se transformarem numa obra relevante ou de angariarem para mim a condição de ser uma peça necessária. Mas foi a saída que encontrei para continuar respirando.

Até ingressar na TV Globo eu tinha sido um bom segundo. Conhecia a fórmula: era preciso ser leal sem se anular, ser útil e resolver problemas sem deixar de ser agradável, dizer "não" sem incorrer em insubordinação. Era preciso se posicionar diante das questões sem deixar o chefe inseguro em relação ao seu comprometimento — aprendendo e assimilando o que vinha de cima, inspirando e protegendo quem estava abaixo. Esse era o jeito de se manter próximo da equipe, passando segurança e orientação. E de se manter próximo de quem estava em cima, sublinhando seu engajamento ao projeto em curso. Essa era a receita de um bom vice.

Às vezes é preciso jogar o jogo na maciota. Deixar a bola rolar. E, mesmo alijado das jogadas num determinado momento, continuar correndo em campo para lá adiante, quem sabe, começar a receber alguns passes. Às vezes é preciso arquitetar vários movimentos à frente. Ou, então, fingir que vai para um lado quando o que você quer de fato é ir para o outro. Mas tudo isso são coisas que não sei fazer.

Sou um péssimo jogador de pôquer — especialmente na mesa corporativa. Meu estoque de malandragem é escasso. Metade por incompetência e metade por opção. E é muito importante ser um pouco safo. Se não como estratégia de ataque, ao menos como mecanismo de defesa. A inabilidade para fingir em alguns momentos, no grande balé das disputas de poder, é um defeito, não é uma virtude.

Ali, meu estilo de assimilar as porradas em tom *blasé* começava a minar a minha linha da cintura. Eu estava começando a acusar os golpes. Às vezes é preciso reagir. Isolar quem lhe isola. Criar alguns problemas para quem lhe cria problemas. Minha estratégia não era a retaliação — e sim a resistência pacífica. Só que, com frequência, aguentar firme a hostilidade é algo que se confunde com autoflagelo. Algumas vezes na vida o sujeito sofrerá menos se desistir antes. Ou se, ao contrário, admitir o conflito mais cedo e partir logo para o enfrentamento.

Há quem reaja ao isolamento trabalhando menos, entregando o mínimo. É compreensível: com a sensação de que não se é bem quisto e de que seus esforços não serão recompensados, por que se esforçar? Essa atitude, claro, implica o risco de lá na frente desembocar num caso clássico de profecia autorrealizada: não permitiram ao sujeito contribuir e agora lhe cobram pela ausência de contribuições. Impediram a sua iniciativa e a sua participação e agora lhe cobram motivação e criatividade. Cortaram as suas asas e agora estão prestes a descartá-lo porque ele não voa. Eu escolhi outro caminho: nadar, em silêncio e sozinho, contra a correnteza. Não desistir. Nem me insurgir. Mas insistir.

Mais ou menos por essa época, numa das edições da *Revista do Fantástico*, que a Editora Globo tentava consolidar, e com a qual nós, executivos do programa, colaborávamos, meu chefe escreveu um belo artigo relembrando com saudade de alguns antigos companheiros de Redação, como José Trajano e Hedyl Valle Júnior. Meu chefe, que tinha um texto de primeiríssima linha, era muito próximo de Hedyl, com quem havia vindo para o *Fantástico*, em 1993. Eles tinham sido colegas por muitos anos, traçando carreiras paralelas, da revista *Placar* ao *Jornal do Brasil*, passando pelo departamento de Esportes da TV Globo, e finalmente dividindo a direção do *Fantástico*. Hedyl morreria alguns meses depois da estreia de ambos à frente do programa. Aquela era uma perda muito sentida por meu chefe. Uma lacuna impossível de preencher.

Meu chefe era tido como um mago do espelho — o roteiro do programa, o desenho da sequência na qual os diversos VTs irão ao ar, gerando ritmo, conexão temática, contrastes estilísticos, quebras propositais, enfim, a estética do conjunto em uma atração televisiva. (O termo "espelho" também é usado na mídia impressa: trata-se de um resumo da organização das páginas em uma publicação — com a ordem das reportagens, seções, páginas com anúncios etc.)

O espelho do programa, bem como os textos das matérias, era compartilhado entre nós por meio de um software interno disponível em todos os computadores. Busquei aprender aquele ofício. O que representava também uma frente de aproximação com meu chefe — além de, inevitavelmente, uma pequena invasão do seu território.

Sentava ao lado de meu chefe, em sua sala, quando ele começava a "batucar" o espelho — expressão para "digitar" que ele gostava de usar. Isso geralmente acontecia bem tarde da noite de sexta. Ele conversava com o chefe de produção, anotava as matérias que estavam mais quentes e adiantadas, então partia para a montagem do *Fantástico*. Era bacana ver como o programa fluía da sua folha de rascunho para o computador. Como ele raciocinava o encadeamento dos VTs nos blocos, e dos blocos entre si, cerzindo o programa. ("Blocos" são a porção de conteúdo editorial que fica entre dois intervalos comerciais.)

Com o tempo, passei a adiantar o espelho para ele editar depois. Listava os VTs que julgava serem os melhores da semana e já ia escrevendo as cabeças e as chamadas, muitas vezes acompanhado nessa tarefa pelos demais editores. ("Cabeça", vale lembrar, é o texto que os apresentadores leem quando anunciam, no programa, o VT que será apresentado. E "chamadas" são os textos que os apresentadores e locutores gravam ou leem ao vivo, divulgando os destaques do programa, dentro dele mesmo ou em outras atrações da emissora.)

Meu chefe mexia bastante em minha sugestão de espelho. E sempre foi muito gentil ao fazê-lo — comentando as mexidas que ia operando. Nos primeiros tempos dessa iniciativa, eu recebia, ainda na noite de sexta, pedidos encarecidos dos editores por mais tempo para seus VTs. Depois essas solicitações voltaram a ser encaminhadas a meu chefe, diretamente ou por meio dos seus diretos.

A duração dos VTs, estipulada no espelho, era um dos mais disputados itens de *status* na Redação. Quanto mais experientes os profissionais envolvidos, mais tempo, de modo geral, ganhavam as reportagens. Da mesma forma, quanto antes o VT entrasse no programa, mais importância ele tinha. E a única alternativa aceitável para a preservação da autoestima de uma matéria que entrasse mais tarde era ser a peça de resistência do bloco em que figurasse.

Cair na produção era jogar fora da minha posição — um movimento arriscado. Mas acabei me divertindo muito. E aprendendo a fazer televisão. Comecei com o programete "Fantástico — 30 anos atrás", garimpando pérolas nos arquivos do programa. O programete, com pouco mais de um minuto, ia ao ar no encerramento do programa.

Além de laboratório, aquele exercício funcionava para mim como um encontro nostálgico com o que o *Fantástico* e a própria TV Globo significavam para mim em termos afetivos. Pertenço à geração que cresceu nos anos 70 e 80 assistindo ao "Show da Vida" todo domingo à noite. Os temas musicais da emissora, e as atrações do *Fantástico*, funcionavam como uma espécie de rito de passagem entre o final de semana e o início da semana seguinte. Aquele mergulho tinha boa dose de escapismo. Eu me transferia, temporariamente, de um presente duro para um passado lúdico e prazeroso. De um *Fantástico* onde eu estava excluído para um *Fantástico* terno e acolhedor.

Assumi depois a edição da superprodução *Planeta Terra*, cujos direitos de veiculação em TV aberta no Brasil tínhamos comprado havia um tempo da *Discovery/BBC* — e que, curiosamente, eu tinha lançado em DVD, em todas as bancas do país, pela *Superinteressante*, alguns anos antes. O material estava disponível e os editores, atarefados. Dei o passo à frente e me voluntariei para o trabalho.

Chamei o humorista Sérgio Loroza para apresentar a série. Desenvolvemos quatro trajes de explorador, que ele ia usando à medida que os hábitats apresentados na série iam mudando — floresta, deserto, gelo e mares. Eu escrevia as cabeças sempre com bastante humor — textos que Loroza interpretava com maestria. Mostrei os testes de estúdio para meu chefe e sua mulher. E ela me cumprimentou pelo formato. Acabei saindo da TV

Globo antes que todo o material fosse veiculado. O final da série foi ao ar sem Loroza, e com outra linha de edição.

Em um sábado, tarde da noite, eu estava na chefia do plantão e a editora que estava encarregada de fechar o VT que faríamos do filme *Tropa de Elite*, que estava grávida, se sentiu mal — o filme tinha acabado de virar um fenômeno de vendas de cópias piratas, um mês antes do seu lançamento oficial. Mandei-a para casa, liberando-a de suas funções naquele fim de semana, para sua surpresa, e assumi a edição da matéria.

Assisti a todas as fitas com as imagens brutas e concluí o roteiro, que estava apenas rascunhado, no meio daquela madrugada. Deixei o texto pronto para o editor de imagens, que montou o VT ao longo do domingo. Uma finalização em cima da hora, um trabalho com adrenalina, em ritmo de televisão, que me deixou orgulhoso.

Como eu não era de TV, tinha que aprender sobre o veículo com meus subordinados. Esse era um flanco de grande fragilidade para mim. Então, qualquer oportunidade de mostrar que eu também sabia pilotar aquele avião, e às vezes até com graça e desenvoltura, me deixava contente. Momentos assim geravam um galão extra de combustível para ir adiante.

Um dia caiu na minha mesa uma matéria espinhosa. Um escândalo veio à tona no meio da semana em Minas Gerais: duas cooperativas de laticínios colocavam água oxigenada e soda cáustica, entre outras substâncias, para aumentar o volume do leite que vendiam a algumas grandes empresas, que depois revendiam o produto aos consumidores. Uma dessas multinacionais, em especial, teve sua marca, líder de mercado, envolvida colateralmente na denúncia.

Ninguém fez questão de pegar aquele VT para editar — todos sabiam que seria preciso pisar em ovos. Eu, de novo enxergando oportunidade num problema, puxei o trabalho para mim.

O processo interno de produção da matéria foi tenso. Felizmente, o repórter escalado para ombrear comigo aquela apuração foi Vinícius Dônola — um jornalista ao mesmo tempo jovem e experiente, com boa dose de inteligência emocional e humor, para quem não havia tempo ruim. Não tivemos muita orientação para conduzir a reportagem — havia uma barreira sanitária estabelecida em relação àquela pauta.

A matéria, quero crer, ficou correta e equilibrada. Resolvemos bem aquela saia justa envolvendo uma grande empresa. Demos a notícia com responsabilidade, de modo objetivo, deixando apenas de fazer ilações que corriam o risco de ser irresponsáveis em relação às marcas envolvidas, dadas as circunstâncias de como a adulteração havia acontecido. Na terça-feira seguinte, na reunião de pauta, a matéria foi tema de discussão. O silêncio de todos na semana anterior, enquanto a matéria ia sendo montada, virou um debate com direito a insinuações, depois que a matéria foi ao ar.

Alguns colegas sugeriram que nós havíamos sofrido coerção ao longo da produção da matéria — coisa que não aconteceu. Recebi uma ligação da direção de Jornalismo no domingo pela manhã para saber como estava a matéria — um evento raro, ao menos para mim, mas que em nada constrangeu a minha função ou rompeu com a legitimidade do escopo de atuação do meu interlocutor. A turma da Redação nos isentava de responsabilidade pelo resultado final, num misto curioso de afetada reprovação editorial com solidariedade fabril. Eu defendi a nossa edição. E a nossa isenção como realizadores da matéria. Eu estava ali na curiosa posição de defender, diante de uma Redação hostil, não apenas a lisura da nossa própria atuação, diante de uma situação delicada, como também a postura da emissora, de onde eu recebia cada vez menos apoio.

Vivi outro episódio tenso com um jovem produtor. Ele tinha um sobrenome — uma certidão de pertencimento —, e era tido como um talento potencial. Como sempre faço com pessoas que estão pedindo jogo, batalhei para que lhe déssemos uma oportunidade para que ele mostrasse o que podia fazer. (Eu usaria essa oportunidade para, do meu lado, fazer o mesmo.)

Tínhamos, sob contrato, uma celebridade recente, um jovem rapaz, e a missão de fazer bom uso dele no programa. Dei a ideia de imergi-lo em situações em que ficasse numa posição de novato diante de um expert — outra celebridade. Ele aprenderia regras de etiqueta com uma miss, a cozinhar com um chef, a driblar com um jogador de futebol e assim por diante. A missão do nosso personagem era pegar o telespectador pela mão e levá-lo a experimentar aquelas situações com ele, desvendando os truques dos especialistas e se metendo em enrascadas (e dando um jeito de sair delas) pelo caminho.

Não funcionou tão bem. Um pouco por falta de traquejo do nosso personagem, um pouco pela inexperiência do produtor, que havia pedido também para dirigir as gravações e roteirizar os VTs — e não estava brilhando à frente dessas funções.

Pedi mudanças e, no último VT que supervisionei na série, elas não apareceram. O VT, a meu juízo, estava ruim. Pedi para ver o roteiro. E o roteiro só veio a aparecer no domingo à tarde, nas últimas horas do fechamento. Disse ao produtor que eu mesmo fecharia a matéria, porque ali não havia mais tempo para conversarmos: eu precisava agir. Ele saiu da ilha de edição batendo a porta, com o rosto vermelho. Quando deixei a sala, algum tempo depois, vi as folhas do roteiro espalhadas pelo chão do corredor.

A série saiu imediatamente do meu escopo. Em seguida foi abortada. E o menino nunca mais me olhou na cara.

Ouvi depois, de alguns interlocutores, que eu caíra no lugar mais complicado de se trabalhar no jornalismo da TV Globo.

Bem, então eu não estava louco. (Ao menos, não completamente.) Aquilo que eu estava vivendo era real, não era mera paranoia.

As semanas iam se passando e cada vez menos coisas aconteciam perto de mim. Eu não havia conseguido aterrissar no programa. Não havia instruções de pouso. Depois percebi que a pista estava simplesmente fechada. Aprendia ali que a vida corporativa sem lastro e sem apoio não existe. Estava em uma das piores situações que um executivo pode enfrentar — era chefe, mas tinha tido o poder completamente esvaziado, ocupava uma posição de liderança, mas não tinha os mecanismos para exercê-la.

Soube mais tarde que várias pessoas haviam passado por aquela cadeira nos anos anteriores, sem sucesso. Ter sabido disso em tempo teria me impedido de aceitar o desafio? Creio que não. Talvez isso só tivesse me deixado ainda mais instigado. Talhar o êxito naquelas condições épicas é coisa que provavelmente me atrairia. E eu seria magnânimo o suficiente para imaginar que comigo seria diferente, que o fracasso dos outros não implicaria o meu próprio.

8

Nossas dificuldades com a audiência azedavam tudo. Um colega me disse: "Você chegou no pior momento da história do programa. Nunca estivemos tão pressionados".

Em conversa com uma diretora de RH, contei sobre a minha situação. Ela sugeriu que a tática de tentar ajudar em várias frentes talvez estivesse me rendendo uma imagem de "entrão". (Um sujeito intrusivo, que se coloca em ambientes nos quais não foi exatamente convidado a entrar.) Enquanto eu me agastava por sentir que não estava conseguindo fazer nada, eu na verdade estava incomodando ao me debater para realizar alguma coisa.

Era agradável me ver com os olhos do RH. Era como se, naquela interlocução, eu ainda gozasse da visão original que havia sobre mim em minha chegada à TV Globo — um lustro que a vida real tinha erodido.

Havia a sugestão de que eu me aproximasse mais da direção de Jornalismo, contasse por lá o que estava acontecendo, porque é de lá que havia partido o convite para que eu viesse trabalhar na empresa. Nunca segui esse conselho. Me soava torto pedir ajuda ao Olimpo. Operar daquela forma seria decretar a minha incompetência em resolver a situação.

Eu tinha recebido uma oportunidade de ouro e cabia a mim desatar aqueles nós. Além disso, abrir esse canal com a direção de Jornalismo me soava desleal com meu chefe direto — era com ele que eu tinha que resolver aquelas questões. Eu me dizia ao pé do ouvido — "vai lá e resolve sozinho, segura no osso, você não precisa de ajuda para lidar com isso".

Um dia o diretor de Jornalismo me perguntou como iam as coisas. E eu respondi com um eufemismo. O que era também uma tentativa de minimizar o problema em minha própria percepção. De toda forma, poupei meus interlocutores de reconhecerem as dificuldades. Puxei para mim a responsabilidade de resolver tudo. E, com isso, todo o risco de que não desse certo ficou na minha conta.

Há três lições aí. A primeira: uma contratação só dá certo quando parte de quem vai ser o seu chefe direto. O novo profissional tem que ser uma escolha genuína do sujeito a quem ele vai se reportar. Em qualquer outra situação o risco de não dar certo é muito grande.

A segunda: você é sempre responsável por 50% dos fluxos nas relações em que está metido. Nem mais, nem menos. Eximir-se de assumir a sua metade é se colocar à mercê do outro. Arcar com mais do que aquilo que lhe compete é um equívoco igualmente perigoso — porque exime o outro de assumir as responsabilidades dele.

E a terceira lição: quando você tenta se amoldar demais às pessoas ao redor, acaba destruindo as diferenças que lhe permitem ser quem você é. Ao fazer força para não mostrar defeitos, você encobre suas virtudes também. Eis o ponto: não há ganho possível na autoanulação. Ser cordato todo o tempo é negar, em algum momento, quem você é de verdade. Trata-se de uma antiestratégia. O jeito mais fácil de causar uma péssima impressão em alguém é deixar de ser você mesmo tentando causar uma boa impressão.

Então, é preciso aprender a discordar. Admitir o confronto. Perder o medo de desagradar. Jogar fora aquela espécie de culpa que surge toda vez que você se posiciona de modo mais firme, aquele desassossego que aparece sempre que você coloca de modo mais explícito o que está pensando. Você não está sendo impertinente ao contradizer seu interlocutor, você não precisa estar em harmonia plena e eterna com o outro para seguir vivendo — bem — consigo mesmo e com ele.

O melhor caminho é sempre expressar com clareza o que você tem a dizer. Para seguir no jogo ou para sair dele de uma vez, não importa — mas com a certeza de ter sido franco com os outros e consigo mesmo. Isso é muito mais saudável do que ficar tentando equilibrar tudo em nome de não ver uma porta se fechar à sua frente. Ao se esconder dentro de si mesmo, num desejo de proteção e de controle, é precisamente quando o sujeito mais se isola e se fragiliza.

Quem deixa de se posicionar acaba se submetendo às vontades alheias. É uma espécie de empatia patológica: você vai aprendendo a ver tudo com os olhos dos demais — e desaprendendo a ver as coisas com seus próprios olhos. Até que começa a duvidar de si e acreditar que os certos são sempre os outros. Como um narciso ao contrário, o sujeito abre mão das suas convicções, dos seus gostos e dos seus princípios — em nome de se adequar. E se condiciona a achar sempre o que acha que seu chefe vai achar — às expensas do que realmente pensa. Assim, você se torna uma pessoa influenciável — e com baixa capacidade de influenciar. Quando você mesmo deixa de acreditar em si, ninguém mais acreditará em você.

Ao absorver a visão de outra pessoa, você pode fazer isso de modo genuíno, porque se convenceu de verdade. Ou então por alinhamento estratégico, a partir da decisão de gerar uma reciprocidade em que comprar o peixe alheio hoje significa ter seu peixe comprado amanhã. Você só não pode permitir que isso obnubile suas próprias verdades e elimine sua agenda pessoal, suas convicções íntimas. Sempre que as opiniões alheias o estiverem tomando de assalto, é hora de refletir a respeito. As máscaras sociais que usamos aqui e ali não podem jamais se transformar nas feições reais do seu rosto.

Um dia atendi ao telefone e era William Bonner. Ele nos sugeria uma pauta. Eu o atendi com simpatia e o ouvi com atenção, constrangido pela minha própria irrelevância nas decisões editoriais do programa. Bonner não sabia, mas gastava seu xaveco à toa comigo.

Sempre que alguém de fora me tratava pelo valor de face da minha posição, o contraste daquela expectativa com a realidade que eu vivia me causava embaraço. Inclusive porque eu sabia que cada novo evento descortinava um pouco mais a inoperância em que me encontrava. Com isso, a ideia de que eu realmente não fazia a menor diferença ali ia se consolidando ao meu redor.

Mais ou menos por essa época, uma colega decidiu organizar a despedida de um profissional que estava no programa praticamente desde a estreia. Ela queria dar um presente bacana a ele e não sabia o quê. O sujeito era um guitarrista nas horas vagas. Corria que ele já tinha tocado com uma banda famosa antes de ela estourar, no fim dos anos 70. Propus que lhe déssemos uma boa guitarra. Era um jeito simpático de reconhecermos outro talento seu. E era uma lembrança que ele certamente guardaria para sempre. A colega gostou da ideia. Sugeri que ela pedisse orientação, sobre qual modelo comprar, a outro companheiro de Redação, que também tocava guitarra.

Quando esse colega chegou à Redação, ela lhe disse: "Adriano deu uma ótima ideia!" Ele respondeu com um muxoxo cansado, que expressava a sua descrença na possibilidade de eu ter dado uma "ótima ideia". Então, a colega explicou: "Não, não é sobre o programa, é sobre o presente do fulano."

Ela esclarecia que minha contribuição não tinha a ver com conteúdo, com ideias editoriais, com nada daquilo que eu deveria de fato fazer ali. Já era consenso estabelecido que nada do que eu dissesse em termos editoriais deveria ser levado a sério.

Há um ponto interessante sobre a ofensa. Tem um momento em que ela se torna de tal modo pervasiva que fica claro para o grupo que o indivíduo *sabe* de tudo o que está sendo dito a seu respeito. Estabelece-se, em torno disso, uma espécie de "cumplicidade" entre ofensores e ofendido. A vítima como que perde o direito de se sentir agredida — porque ela passou a aceitar e a conviver com a agressão. Ou seja: há uma aquiescência de quem está sendo abusado em relação ao abuso.

Já não se pode falar em traição ou em complô — porque o agredido, afinal, sabe de tudo. O grupo, com isso, ganha o direito de trazer a ofensa do escuro para a luz do dia. O achincalhe já não precisa ocorrer no subterrâneo, à voz pequena. Ao contrário: ele vira lugar-comum, notícia velha, pode ser dito em voz alta, acaba sendo incorporado aos usos, costumes e anedotas do lugar. Estabelece-se uma espécie de conivência, e de convivência, entre quem bate e quem apanha.

Mais adiante, eu participaria de outra comemoração no escritório: os 80 anos de Cid Moreira. Eu já havia conversado com Cid algumas vezes ao telefone. Ele ainda fazia locuções para o programa. Geralmente no sábado à tarde, antes de sair para uma partida de tênis, Cid ligava para saber se havia chamadas para gravar. Nós enviávamos os textos por e-mail, ele gravava as chamadas no estúdio que tinha em casa e as devolvia em arquivo digital. Dificilmente vinha à emissora. Era uma experiência histórica trocar algumas palavras ao telefone com aquela voz monumental que por tantos anos significou o caminho, a verdade e a luz para milhões de brasileiros.

A festa de Cid reuniu os principais nomes do jornalismo e a velha-guarda editorial da TV Globo. Foi um privilégio ter participado daquele momento. Não esquecerei jamais de Cid chegando à festa e sendo recebido numa rodinha por seus antigos companheiros de televisão — Léo Batista era um dos mais animados. Eu olhava para aqueles caras e sabia que eles eram a verdadeira argamassa que tinha erguido aquelas paredes.

Pensei por um instante que talvez eu não estivesse no lugar errado, mas sim na época errada.

9

O jeito de pensar, em TV, é peculiar.

Era mais importante ser rápido do que ser completo, publicar antes do que publicar de modo definitivo, ser prático do que oferecer profundidade. Era mais importante simplificar as questões do que sofisticar o raciocínio. Não havia muito espaço para a complexidade — uma premissa talvez definida, lá do outro lado da tela, pelo modo relativamente disperso como costumamos assistir à televisão.

Um pouco ao contrário da mídia impressa, em que a concentração exigida pela leitura elevaria naturalmente o nível de atenção e de exigência de quem consome o conteúdo.

Na média, as pessoas de TV pareciam focadas em fazer. Era como se refletir um minuto a mais fosse um luxo, um desperdício do sempre exíguo tempo de produção. Era como se o bom conteúdo pudesse ser concebido espontaneamente, em ritmo industrial. Ou como se a boa ideia *devesse* nascer de um estalo, para de fato ser boa. O foco estava na agilidade e na transpiração. O profissional ideal de televisão parecia ser um bom executor com grande capacidade técnica — e ponto.

Uma boa pauta de TV tinha que ser direta, linear, não podia gerar estranhamento. Tinha que resumir o tema, encurtar o caminho até as respostas, traduzir e aplainar as questões, e encerrar o assunto em alguns minutos.

Já o molde clássico da mídia impressa passava por descer mais fundo, reconhecer contradições intrínsecas aos temas, captar e reportar sutilezas, propor perguntas e deixar questões em aberto para que o leitor formulasse suas próprias respostas e formasse sua própria opinião.

Em TV, era preciso talento para trabalhar bem *a partir* do senso comum. Na mídia impressa, era preciso talento para *desafiar* o senso comum.

E a TV tem um ingrediente que faz toda a diferença: o vídeo. É preciso compreender e respeitar o poder da linguagem audiovisual. Colocar a cara na tela não é para qualquer um. Para trabalhar à frente das câmeras, é fundamental compreender que o vídeo é uma esfinge que é preciso desvendar — ou você terminará devorado por ela.

Não é a beleza que ganha o jogo em televisão, ao contrário do que muitos pensam. Alguns dos melhores repórteres e apresentadores de TV estão muito longe de serem modelos apolíneos. No vídeo, é fundamental ser *agradável* — não necessariamente *bonito*. A beleza nem sempre garante ao sujeito a conquista do telespectador. Às vezes, inclusive, ela atrapalha, gera ruído. Além disso, tem gente que é bonita pessoalmente e fica feia no vídeo. Assim como há pessoas que são sem graça *tête-à-tête* e resplandecem no vídeo.

Também não é exatamente a simpatia que conta. Tem gente muito simpática fora do ar e que na tela soa falsa. Assim como não é a mera competência técnica ao comentar um tema. Tem gente cuja solidez fica enfadonha na televisão. Tampouco é a extroversão, que pode se tornar um elemento exagerado para quem assiste. O vídeo tem o poder de centrifugar os talentos que se aproximam dele. De desintegrar o sujeito na vida real e remontá-lo na tela com outras características.

O vídeo faz uma leitura toda própria de quem vai e de quem não vai se dar bem na tela. Ele aplica seu filtro impiedoso aos aspirantes à estrela. Não estou falando aqui das escolhas que as emissoras fazem. Estou falando das escolhas que o *vídeo* faz. Uma coisa é você convencer um chefe a pôr sua cara na tela. Outra coisa é você obter sucesso, de verdade, pondo a cara na tela — diante da lente, debaixo das luzes, ninguém pode ajudar.

Dominar a câmera, namorá-la, interagir e negociar com ela é muito diferente de fazer uma apresentação diante de uma plateia. Ou de catalisar as atenções numa mesa de bar. A luzinha vermelha da câmera, onde não há ninguém e onde, ao mesmo tempo, há milhões, apresenta outro tipo de desafio. Antes de ser você desempenhando diante dos outros, ali é você desempenhando diante de si mesmo.

Carisma talvez seja a chave para desvendar o enigma de como ser *agradável* no vídeo. O duro é definir o que é "carisma", essa espécie de luz interior. Talvez ele possa ser descrito como a arte de ser gostado. Ou resumido como a capacidade de atrair e de reter o olhar alheio. Ou de causar no outro, em relação a você, sentimentos bons, em vez de ruins, independente do que você faça ou deixe de fazer. O olho da gente gruda em algumas pessoas. E se afasta de outras. Às vezes o palco está cheio de gente — mas a gente só tem olhos para uma pessoa. E não sabe explicar por quê.

Do mesmo modo, tem gente que pode estar debaixo da situação mais adversa que não deixa de ser elegante, gente que pode usar qualquer tipo de roupa, mesmo aquelas que fariam outros parecerem ridículos, que não perde o charme. Isso é carisma, coisa que o vídeo reconhece à primeira vista.

Todos temos um tipo de presença e vibramos num determinado diapasão. Algumas dessas frequências, por mais que nos esforcemos em contrário, incomodam os demais. Presenças assim causam distúrbio no ambiente, nos desassossegam. Trata-se do anticarisma. O vídeo também costuma amplificar isso cruelmente.

Carisma é como uma melodia inaudível que nos arrebata sem que percebamos. Coisa de quem cativa sem fazer força. Coisa que ou você tem ou não tem. Não dá para *construir* carisma. Não é algo que você possa aprender ou acessar de modo consciente e planejado. Saber de cor a receita, como essa que estou tentando rascunhar aqui, não oferece garantia de que você vá conseguir entrar no clube dos que têm essa joia natural incrustada em si.

Em televisão, carisma é encantar o telespectador. Preencher o espaço com lufadas bem-vindas de autoridade e segurança. Ocupar a tela com graça, com uma alegria de estar ali que contagia quem está assistindo. E estar à vontade — deixando o telespectador à vontade também.

Carisma é fazer com que a pessoa que está em casa o admire, vibre com você, torça por você, se identifique com você, queira estar com você, deseje *ser* você.

Carisma é ocupar, em nosso imaginário, a posição de um líder em quem depositamos confiança. O cara que nos alegra, que nos entusiasma, que nos empresta força, que emana bons sentimentos, com quem podemos contar.

Ou então o cara que assume o papel de um anti-herói adorável, por quem nutrimos um carinho descomunal, uma ternura sem explicação, a quem tudo desculpamos, por quem colocaríamos nossa mão no fogo mesmo sabendo que ela sairá de lá chamuscada.

Para dominar o vídeo, não basta ser correto e ser legal. Se você for legal e *chato*, não funciona. Há muita gente correta que é insuportável ao olhar e à audição. Às vezes o carisma vai pelo caminho oposto: há que ter uma pimentinha, aparentar uma marotice, carregar uma falha ou falta, criar uma cumplicidade malandra com o telespectador.

Carisma, em televisão, é saber a hora de levantar o tom, de causar espanto, de subverter as expectativas, de atravessar a tela e chacoalhar o sujeito lá no sofá, onde ele está emborcado. Mas é saber também a hora de falar baixo, de convidar delicadamente o telespectador a entrar tela adentro com você, a imergir na televisão e saborear maciamente aquela viagem interdimensional que você está lhe propondo.

Carisma é ter empatia, exercer magnetismo, emocionar a plateia — fazê-la rir e fazê-la chorar. Sem ser piegas, sem forçar a barra. Às vezes se apresentando como a voz da razão com cujo equilíbrio e sensatez podemos sempre contar. Às vezes se mostrando humano, frágil, falível, gente como a gente.

Carisma é saber enxergar o mundo pelos olhos do telespectador. E ter a capacidade de fazer com que o telespectador veja o mundo a partir do seu olhar. É ser autoconfiante, autêntico, divertido, espontâneo. E ter raciocínio rápido e presença de espírito — saber o que dizer, e o que *não* dizer, e *quando* dizer e *como* dizer.

Carisma, em televisão, é a capacidade de captar o sentimento médio das pessoas — sem que isso se transforme em clichê. É traduzir em palavras o que as pessoas estão sentindo — permitindo que, ao ouvi-lo falar, elas escutem a si mesmas. É antecipar-se às reações do público, reproduzindo-as, potencializando-as — e assim reforçando as convicções de quem está em casa. (Carisma é também alterar radicalmente essas convicções, com informações novas, sem que o telespectador sofra com o fato de estar sendo retirado da sua zona de conforto.)

Carisma é a arte rarefeita de colocar o telespectador numa posição elogiosa diante de si mesmo. De se apresentar como o seu melhor amigo, estabelecendo uma cumplicidade com ele, como se você fosse o seu confidente mais próximo.

Sim, a televisão está cheia de gente *sem* carisma. Gente que o vídeo já demitiu — ainda que continuem empregados e aparecendo na tela.

O carisma também está na voz — e não apenas na expressão facial e na linguagem corporal do sujeito. Há rostos que têm mais credibilidade que outros. Há traços, ângulos e jeitos de olhar que nos inspiram confiança naturalmente. Da mesma forma, há afinações e timbres envolventes que você poderia ficar ouvindo por horas a fio. Há determinadas vozes que são convincentes e persuasivas apenas pela sua sonoridade e pela sua entonação. Que carregam autoridade e capacidade de influenciar já na sua constituição sonora. (Boni costumava dizer: "A voz é a personalidade do repórter".)

Há outro desafio em TV: quem está à frente das câmeras precisa saber atuar. Para botar a cara na tela, o jornalista precisa se tornar também um ator — e desenvolver um personagem. Sabe aquele tipo folclórico, com jeito de matuto e sotaque engraçado? Ele pode ser simplesmente o cara mais instruído e conectado do pedaço. Da mesma forma, aquele apresentador com ar inteligente e decidido pode não estar entendendo nada do que lê no teleprompter. (Em televisão, é preferível que você fale com convicção sobre um tema que ignora do que domine um tema, mas o apresente com ar tíbio.)

Ao aparecer no vídeo, você se transforma numa figura pública. E sua imagem deixa de lhe pertencer. Ela passa a existir no imaginário das pessoas que lhe assistem. Você vira aquilo que os telespectadores enxergam — ou querem enxergar — em você.

A persona se torna maior e mais importante do que a pessoa por trás dela. Jornalistas de televisão costumam fazer o papel de si mesmos. Como atores que dão vida a personagens baseados neles próprios. Apresentadores e repórteres, portanto, costumam ser *alter ego* e identidade secreta ao mesmo tempo. Aprendem logo a fingir o espanto, a dor, a indignação, a gravidade, a solidariedade, a alegria e tantas outras emoções que deveras sentem.

Há sempre um descolamento entre a figura pública e a figura privada. É possível entrever os atores por trás dos seus personagens em momentos em que o ambiente controlado é desfeito e o jogo cênico não pode ser mantido — perceba essa quebra em situações em que o profissional precisa improvisar, como em entradas ao vivo.

Alguns jornalistas de TV são muito bons atores. (Conseguem até chorar lendo uma notícia, com perfeição técnica, dando as ênfases e engasgos certos nos momentos exatos.) Outros são francos canastrões. Exageram emoções, não conseguem convencer, forçam risadas, soam artificiais, disfarçam mal o nervosismo ou a indiferença. O vídeo não mente. Ele revela aquilo que você é — especialmente quando você está fingindo não sê-lo. A tela capta sempre o âmago do que está sendo apresentado. Se você vacilar, por um milissegundo, o vídeo entrega você de bandeja, em tempo real, para os milhões de olhos famintos que estão em casa.

As personas que os jornalistas constroem na tela, e as relações que cultivam com a audiência a partir delas, compõem uma das moedas de troca mais fortes em televisão. A própria emissora fica refém disso. Não há no mercado de trabalho funcionário mais insolente em relação à empresa e aos chefes do que uma estrela de TV. Uma atitude que só é possível pelo valor que as suas personas adquirem.

Funciona assim: se o público idolatra você, que é uma garantia de audiência para a emissora, a sua posição se torna muito poderosa. Você se sente desobrigado de prestar contas e de acatar determinações. É como se o sujeito dissesse: "agora que todos me enxergam no vídeo como um poço de simpatia, posso me dar ao luxo de, fora dele, ser a pessoa mais antipática do mundo". Os bastidores da televisão estão cheios de casos assim.

A televisão apresenta ainda outros desafios, como a premência do tempo. (Boni costumava dizer que, "em televisão, o minuto tem 30 segundos".) Da instantaneidade da transmissão à pressão de produzir e apresentar conteúdo em tempo real, isso exige dos profissionais que põem a cara na tela a habilidade de pensar rápido e de falar na velocidade do próprio pensamento, sem se repetir, sem perder o fio da meada, cuidando de manter o raciocínio claro, reto e simples, sem abrir parênteses que quebrem o ritmo, nem apostos que confundam a mensagem que precisa ser passada, assegurando uma dicção escorreita, para não comer sílabas nem embolar palavras ou gaguejar. São questões formais que influenciam profundamente como a informação será percebida pela audiência.

Para quem chega em TV, mesmo que para trabalhar atrás das câmeras, há ainda o desafio da produção de conteúdo ser toda mediada por uma tecnologia bastante específica. Da linguagem de códigos e abreviaturas utilizada na montagem do espelho e dos roteiros até as tipificações de lentes, câmeras e microfones utilizados na captação das imagens, a operação jornalística em televisão é um idioma diante do qual o neófito é um analfabeto. Sem dominar esse dialeto, por melhor jornalista que você seja, será impossível se movimentar bem no veículo — muito menos ser considerado um "profissional de TV".

Colocar o programa no ar, por exemplo, é um momento crítico em que a fluência nesse idioma é posta à prova. Trata-se de uma operação complexa, tensa, cheia de interlocutores, em que nada pode dar errado. Na mídia impressa, quem é de conteúdo não tem a menor obrigação de entender de impressão ou de distribuição. Em TV, o editor precisa conhecer muito bem todo o processo técnico de produção, edição e transmissão de um VT.

Se aplicada à mídia impressa, a lógica da televisão faria com que toda a complexidade industrial — o conhecimento sobre rotativas, tipos de papel e de encadernação, tintas, registros, provas, cortes, montagem, mais toda a operação logística de entrega dos exemplares — passasse a ser responsabilidade dos jornalistas. Como se, em vez de baixar o arquivo para a gráfica e ir para casa descansar, os editores de jornais e revistas tivessem que capitanear, *in loco*, a publicação do conteúdo que produziram, página a página, com o reloginho do Ibope piscando a cada minuto e dizendo se o pessoal está lendo ou não o que você gastou centenas de horas apurando, escrevendo e editando. E tendo ainda que resolver eventuais problemas nessa distribuição de bate-pronto, em tempo real, porque não há a chance de parar a impressão e começar de novo. Assim é o mundo do telejornalismo.

Vivi uma passagem exemplar em uma das minhas primeiras idas com meu chefe ao *switcher*, para colocar o programa no ar. *Switcher* é o estúdio onde fica a mesa de corte, um equipamento parecido com o painel de controle de uma estação da Nasa. É ali que trabalha o diretor de TV, que é quem efetivamente envia os conteúdos ao ar, orientado pelo espelho e pelo editor responsável pelo programa. A equipe do diretor de TV é composta por gente que cuida, por exemplo, da qualidade do áudio e do gerador de caracteres — aquelas inserções em texto que entram ao pé da tela e que, num programa jornalístico, são em boa medida colocadas ao vivo.

Meu chefe decidiu trocar uma matéria de lugar nos últimos blocos, poucos minutos antes de ela ser veiculada. (Não raro mudávamos o espelho do programa enquanto ele estava sendo transmitido, para prolongar um bom momento de audiência ou para reverter um índice declinante ou porque um determinado

VT não tinha chegado ainda, o que jogava a adrenalina de todo mundo em níveis estratosféricos.)

Dei a meu chefe, ali, no meio daquele tiroteio, uma sugestão de troca de matérias que reorganizava tematicamente os dois últimos blocos do programa com muita elegância. Era uma mexida magistral — exceto pelo fato de que, com ela, eu riscava do mapa o último intervalo comercial do programa.

Ele me fez ver aquele pequeno detalhe — que valia alguns milhões de reais. Era um erro talvez compreensível para alguém cujo olhar ainda estava se ajustando à neblina. Mas, se fosse necessário encontrar um motivo para me manter na zona de desconfiança, eu acabava de dar um dos bons.

10

Televisão é um ambiente hierárquico.

A hierarquia é uma ferramenta administrativa que cumpre algumas funções no mundo corporativo. Ela ajuda a gerir a complexidade da empresa, na medida em que estabelece uma clara linha de comando e de cobrança. Ela permite um reconhecimento rápido da divisão de poder por meio de patentes, o que elimina boa parte dos conflitos na tomada de decisões. Fica muito claro quem tem prerrogativa sobre quem. Assim ela garante o controle da equipe e organiza as diferenças, permitindo que as ordens circulem rapidamente pela estrutura, distribuindo poder na medida exata para que elas sejam cumpridas com rapidez e eficiência.

A hierarquia funciona também como um sistema de controle de qualidade que persegue as desconformidades a pauladas de cima a baixo na organização. Com frequência instala-se um clima de medo em que a explosão se torna um direito adquirido do superior e a deglutição do sapo uma obrigação funcional do subordinado. Os direcionamentos do topo chegam rapidamente à base — já os feedbacks da base são filtrados no caminho reverso e quase nunca chegam ao topo.

Quanto mais exíguo é o tempo disponível para a tomada de decisão num determinado ambiente, mais vertical será a hierarquia. Em televisão, por exemplo, não há tempo para digressões numa transmissão ao vivo. Quando a coisa tem que ir ao ar em segundos, uma voz de comando que unifique os direcionamentos é necessária e bem-vinda. Então o chefe manda — às vezes na base do grito mesmo — e todo mundo obedece. As complexidades são mantidas na rédea curta. A prioridade é fazer o que precisa ser feito, sem discussão.

Uma vez criado o precedente da rudeza nas relações, no entanto, essas interações mais ásperas e frias, regidas por uma lógica marcial, passam a acontecer mesmo quando a pressão de tempo não está presente. É quando o esporro entra na cultura da organização. E o verticalismo revoga o espaço para o diálogo ou a discordância, em nome da assimilação rápida das ordens. Talvez por isso os jornalistas sejam uma das categorias profissionais com maior índice de cutículas arrancadas a frio e unhas roídas até o talo.

O poder só existe quando é exercido. Então, para existir, ele precisa ser praticado. Como um tubarão que não pode parar de nadar, de modo a continuar respirando, o sujeito que detém o poder precisa interferir, arbitrar e intervir para continuar merecendo a posição que ocupa na hierarquia. Proibições são feitas, muitas vezes, simplesmente porque é possível fazê-las. (E porque é *preciso* fazê-las).

Com o tempo, as pessoas se *tornam* seus cargos. Passam a se ver e ser vistas a partir das insígnias que assumem no trabalho. Como se cada um assumisse um avatar corporativo. Aí não importa quem você é de verdade, ou se o seu ponto tem mérito ou não: é o seu *status* funcional que define se você será aplaudido ou vaiado, o quanto você influenciará nas contratações ou se as pessoas vão lhe cumprimentar efusivamente nos corredores (mesmo não gostando de você) ou se vão ignorar seu ponto numa reunião (mesmo concordando com ele).

Ali, o ambiente era organizado em castas. Havia as estrelas do jornalismo — repórteres e apresentadores, a turma que aparecia no vídeo. Esses eram os "Elfos". (Acima desses, havia apenas as estrelas da Central Globo de Produção, os artistas da casa — os "Deuses".) Além das prerrogativas decorrentes do fato de serem famosos (alguns mais, outros menos), os Elfos não precisavam se submeter a uma série de regras da mesma forma que os demais.

Havia os executivos, chefes e diretores — os detentores do poder gerencial. Eles podiam inclusive contratar e demitir as estrelas — mas não eram estrelas. Esses eram os "Magos".

Havia os executores — os dínamos, as sinapses, os profissionais que realmente faziam a roda girar e as coisas acontecerem. Editores e produtores, principalmente. Não tinham poder instituído, na maioria dos casos, e sua moeda de troca era o seu talento e a sua capacidade de trabalho. Esses eram os "Hobbits".

Havia os "Anões", que estavam na base da operação, obedecendo ordens, carregando o piano e suando a camisa. O baixo clero dos produtores, editores de imagem, cinegrafistas, operadores de áudio.

E havia também aqueles que se poupavam, se escondiam na estrutura, em vários níveis, se escudavam no trabalho dos outros, vivendo de politicagem e de tráfico de influência, e entregando pouco ou nenhum resultado efetivo para a empresa — esses eram os "Orcs".

Você precisava saber a que casta pertencia. E agir condizentemente. Eu havia sugerido, durante a negociação da minha vinda para a emissora, apresentar um programa de entrevistas na GloboNews, de modo a diluir o investimento que a empresa estaria fazendo na minha contratação. Aquilo era um tabu, um dos aspectos mais notáveis do imobilismo social no mundo da televisão: você dificilmente trocava de casta. As movimentações normalmente aconteciam dentro do mesmo estrato.

O regime hierárquico que podava os espaços de contribuição criativa para muitos e o sistema de castas, que engessava o sonho de ascensão profissional para outros tantos, contribuíam para uma certa ausência de paixão pelo trabalho. Com rotas de crescimento previamente esquadrinhadas, não adiantava muito acelerar. Então boa parte das pessoas deixava que a vida lhes levasse — em vez de agarrar a carreira com as próprias mãos.

Estar ali era uma conquista importante para todos. No entanto, entre muitos, havia um misto de orgulho com insatisfação. Como se o sujeito tivesse batalhado, e ganhado seu lugar no condomínio, para se ver, logo em seguida, estagnado numa condição a partir da qual não era mais possível sonhar.

Quem chegava de fora era visto como alguém que furava aquela fila longa e lenta. Novos entrantes precisavam romper essa película refratária com ímpeto, para se tornarem rapidamente reconhecidos como parte do organismo. Ou os anticorpos lhes comeriam vivos — abertamente ou na surdina.

Um dia acompanhei meu chefe até a Central do Pan — os Jogos Panamericanos de 2007 aconteceram no Rio de Janeiro, foram destaque na programação da emissora e tiveram a cobertura dirigida pelo meu chefe. Assim que entramos na Redação, um repórter de Esportes me encarou como um pistoleiro que estivesse em busca de barulho e que tivesse encontrado um novato no *saloon*.

Ele era um Elfo em formação. E eu, um candidato a Hobbit que desfilava próximo do diretor — o Mago — que conduziria a transmissão da qual ele participaria. Forasteiros eram sempre uma ameaça. A estratégia daquele repórter diante disso foi se posicionar diante de mim com um olhar de poucos amigos.

Havia, claro, quem se aproximasse de mim de modo mais simpático. (Ainda que boa parte dos sorrisos que ganhei estivesse endereçada ao chefe de redação do *Fantástico* e não a mim exatamente. Se eu subisse a ladeira corporativa, as simpatias talvez abundassem. Como andei para trás, elas acabaram minguando.) De todo modo, a sensação que tenho é que, se tivesse me dedicado a responder às provocações sempre na mesma moeda, teria tido a chance de duelar ao menos uma vez por semana na calçada da rua Von Martius, nos fundos do Jardim Botânico, sob o sol do meio-dia.

Trabalhar ali significava pertencer a um ecossistema fechado. A Abril também era um ambiente insular, muitas vezes blindado em relação ao mundo exterior. Na Abril, no entanto, o entra e sai de pessoas era maior e parecia acontecer com mais naturalidade. Quem chegava, de modo geral, não era visto como adversário. Ao contrário, a regra era receber bem. Porque todos ali haviam *chegado* de algum lugar, em algum momento. Um pouco ao feitio de São Paulo, uma cidade forjada na imigração e na movimentação de pessoas. Na TV Globo, a mobilidade era menor — a meta era entrar e permanecer, o que gerava uma postura mais refratária de quem estava estabelecido em relação aos novos entrantes.

Nem a TV Globo nem a Abril, as maiores e mais importantes empresas jornalísticas do país, tinham, naquele momento, uma alma editorial. Na época de Boni, na TV Globo, sobretudo nas décadas 70 e 80, com sua obsessão pela qualidade do que ia ao ar, escudado por Daniel Filho, na área artística, e por Armando Nogueira, no jornalismo, o conteúdo era rei. Bem como na Abril, na época dos grandes editores — Mino Carta, José Roberto Guzzo, Elio Gaspari, Thomaz Souto Corrêa, Mário Escobar de Andrade, Paulo Nogueira. Dias de ouro do mercado editorial brasileiro, que talvez não voltem mais.

A Abril se transformou, ao longo da primeira década do século 21, antes de chafurdar na crise da mídia impressa, numa empresa com viés financeiro — focada em cavoucar ganhos de eficiência na operação. (Assim teve alguns dos melhores resultados da sua história.) E a TV Globo, ao longo dos anos, se solidificou como uma empresa com viés comercial — uma máquina de ganhar dinheiro.

Um dos sinais da prevalência comercial na TV Globo era a transformação de ações, apoios, iniciativas e patrocínios da empresa em pautas de destaque em seus programas jornalísticos. A estreia de uma nova novela, por exemplo, era comumente tratada como notícia nos principais telejornais da casa. O fechamento dos pacotes anuais de patrocínio do Futebol e da Fórmula 1 também chegaram a ser noticiados no *Jornal Nacional*, com a citação nominal dos patrocinadores — uma informação de valor jornalístico altamente questionável.

Na mão contrária, eventos que tinham a participação comercial de outras emissoras, ou que estavam ligados a marcas que não tinham um acordo comercial com a empresa, não recebiam a cobertura que talvez merecessem. De ambas as formas, os interesses comerciais acabavam se sobrepondo à análise da relevância editorial pura e simples da notícia em questão.

O Oscar, a famosa premiação do cinema americano, fornece um bom exemplo disso. Em anos em que a emissora não transmitiu o Oscar para o Brasil, pouco ou nada foi noticiado a respeito do evento. Em anos em que essa atração fez parte da grade da emissora, chegou a haver uma série de longas matérias, dia após dia, na semana do Oscar, promovendo o evento nos principais telejornais da casa, com direito a entradas ao vivo de repórteres no dia da premiação. O Oscar, em si, não ganhou nem perdeu relevância jornalística de um ano para o outro. O que mudou foi o engajamento comercial da emissora — e isso influenciou o espaço editorial dado à pauta.

É assim com festivais de música, shows, eventos esportivos. E esse procedimento não é exclusividade da TV Globo. Empresas de televisão de modo geral agem assim. Exceto em eventos como Copas do Mundo ou Olimpíadas, que não podem ser ignorados como notícia, mesmo sendo um produto comercial exclusivo da concorrência. Em televisão, mais do que em qualquer outra mídia, os interesses comerciais e a lógica do entretenimento estão muito próximos das decisões editoriais — o que desafia o velho preceito jornalístico de isenção e de preponderância do chamado "interesse presumido do leitor" (ou do telespectador) sobre qualquer outro interesse, inclusive as metas de faturamento da própria empresa jornalística.

Na mídia impressa, as empresas costumavam ter mais pudor para noticiar a si mesmas — ou para promover seus negócios em seus espaços jornalísticos. Talvez porque não tivessem tantas propriedades comerciais para alardear. Jornais e revistas não compravam direitos de transmissão de eventos — apenas se dedicavam a cobri-los jornalisticamente. E quando anunciavam a si mesmas, e a seus projetos comerciais, o faziam geralmente em espaços de publicidade e não em páginas editoriais. (A compra dos direitos de transmissão demanda investimentos altos das emissoras. Isso de fato tira do evento o caráter de mera notícia e o transforma num produto que precisa ser vendido e dar lucro. O rádio, nesse aspecto, opera mais próximo da lógica da televisão.)

Quando Romário apresentou as suas contas e decretou que estava prestes a atingir a marca dos 1 000 gols na carreira, propus refazermos essa conta na ponta do lápis. Estendendo a auditoria para outros artilheiros relacionados com essa marca, como Pelé, Friedenreich e Túlio Maravilha. Era uma ótima discussão, com grande potencial para se tornar uma polêmica de alcance nacional.

A ideia não foi adiante. Nosso jeito de catalisar aquela pauta acabou sendo entrar com Romário na contagem regressiva para a marcação do seu milésimo gol. Nosso tratamento da notícia foi mais promocional do que jornalístico. A revista *Placar* acabou fazendo o escrutínio, com rigor de apuração, logo em seguida.

A preponderância dos interesses comerciais, em TV, se refletia também na proteção às estrelas da casa. Quando Roberto Carlos conseguiu na Justiça, em abril de 2007, que fossem retirados do mercado todos os exemplares da sua biografia não autorizada, *Roberto Carlos em Detalhes*, escrita por Paulo César Araújo, fruto, segundo o autor, de uma pesquisa de 16 anos sobre a vida do cantor, reunindo depoimentos de cerca de 200 pessoas, a pauta era óbvia.

Havia uma grande discussão a ser travada — o direito do autor de publicar aquele livro versus o direito do personagem de bani-lo das livrarias. O direito à liberdade de expressão e à livre circulação de informações versus o direito à privacidade. O público tinha ou não o direito de ter acesso àquele conhecimento? O perfilado tinha o direito de proibir, a priori, a divulgação de um perfil feito à sua revelia?

Além disso, o imbróglio envolvia uma das figuras públicas mais icônicas do Brasil. Apesar do interesse editorial evidente, a cobertura que fizemos do assunto foi praticamente nenhuma. Porque se tratava de uma polêmica envolvendo um artista da casa, que não desejava falar a respeito. (Roberto era contratado da TV Globo e apresentava um especial de fim de ano na emissora desde 1974.)

O *Fantástico* só entraria em campo quando esse tema eclodiu novamente, em 2013, com a criação do grupo "Procure Saber", em que outros artistas, como Chico Buarque, Caetano Veloso,

Gilberto Gil e Djavan, se uniram para defender uma posição semelhante à de Roberto Carlos em relação à publicação de biografias no país. Roberto deu uma entrevista ao *Fantástico* sobre o assunto, muito bem conduzida do ponto de vista jornalístico por Renata Vasconcellos — e que, inclusive, acabou determinando a saída precoce de Roberto do "Procure Saber".

As diferenças na ética editorial entre jornais e revistas, de um lado, e TV e rádio, de outro, podem, talvez, ser compreendidas a partir do fato de que a mídia impressa surgiu baseada em escritores, ensaístas, poetas e artistas gráficos — esses foram os primeiros "jornalistas". Henry Luce, fundador da revista *Time*, em 1923, cunhou o conceito da separação entre "Igreja" (interesses editoriais) e "Estado" (interesses comerciais) como um dique erguido para preservar a isenção jornalística das pressões políticas e econômicas que os jornalistas enfrentam na hora de pautar, apurar, escrever e editar as matérias.

Esse discurso civilizatório chegou ao Brasil algumas décadas mais tarde, em um cenário em que era comum se abrir e fechar jornais no país com o fim específico de eleger ou derrubar um político. Só a partir dos anos 60, por aqui, os veículos começaram a ser vistos como negócios que precisavam de um mínimo de credibilidade e de isenção para vicejar — e não mais como catapultas para candidatos e partidos. A lógica política na indústria jornalística passou a conviver com a lógica econômica. O financiamento da grande imprensa — e as pressões sobre ela — não vinham mais apenas do poder público, mas passaram a vir também da iniciativa privada.

Já a televisão é uma mídia fundada por publicitários e artistas — um casamento de gente de *show* (teatro e rádio) com gente do *business* (marketing e vendas). Em TV, o jornalismo é só uma das atrações — quase nunca a principal. A televisão é, portanto, desde o seu início, definida pelo entretenimento. O uso do termo "atração", que nunca foi utilizado na mídia impressa, já denota esse caráter de espetáculo. Desse modo, a televisão já surgiu como um meio muito mais afeito aos anunciantes do que aqueles que têm a notícia no protagonismo. Durante anos, os programas jornalísticos na TV carregaram o nome do patrocinador, uma tradição que vinha do rádio. (Sempre tive curiosidade de saber como o *Repórter Esso* cobriria um vazamento de óleo da empresa homônima, por exemplo.)

Se o interesse declarado (embora nem sempre cumprido) dos melhores jornais e revistas sempre foi informar, formar, educar, analisar e discutir, a missão dos melhores programas de televisão sempre foi informar, divertir, distrair, entreter e vender.

Os primeiros produtores de conteúdo de televisão no Brasil vieram principalmente do rádio (além do teatro e do cinema). Na área jornalística, Heron Domingues e Hilton Gomes, talvez os primeiros âncoras da televisão brasileira, haviam sido locutores. Na área artística, nomes como Wálter Foster, Lima Duarte, Hebe Camargo e Ivon Cury também foram pioneiros na troca dos microfones pelas telas.

Da mesma forma, os primeiros executivos de TV, na área de negócios, vieram diretamente das agências de propaganda. Sendo uma caixinha eletrônica, dotada de voz e de imagens, e plantada no centro da casa das pessoas, a televisão representava uma oportunidade comercial boa demais para que seu vetor principal não fosse, desde o início, carregar reclames publicitários. Essa era a sua vocação ao nascer — um desiderato que continua ativo até hoje.

O papel da televisão é reunir a massa, ao redor do melhor conteúdo de entretenimento que ela puder gerar, e oferecer aos anunciantes, diante desse arrebanhamento, uma bala de canhão. Daí a estética da TV ser muito mais publicitária do que jornalística — era preciso criar, na ponta editorial, um conteúdo de acabamento formal, visual e sensorial superior, que estivesse no nível de produção dos comerciais que seriam veiculados. (Ninguém entendeu e executou isso no Brasil tão bem quanto Boni.)

Na mídia impressa, fazíamos uma piada dizendo que a função de um bom editor era produzir páginas com excelência editorial para serem colocadas entre os anúncios, que não podiam ficar espelhados entre si. No entanto, tínhamos um modelo de negócios em que o leitor representava uma importante fonte de receitas para o veículo — na média, metade do faturamento em mídia impressa vinha das assinaturas e das vendas avulsas. Ou seja: o interesse presumido do leitor *tinha* que ser preservado, nem que fosse pelo fato de que o leitor pagava do próprio bolso metade da conta.

Na TV aberta, esse contraponto nunca existiu. A principal função dos produtores de conteúdo, ao colocar alguma coisa no ar, depois de um intervalo comercial, era garantir que o telespectador continuasse sintonizado na emissora até o próximo intervalo comercial. De um lado, o telespectador, em TV aberta, recebe o conteúdo de graça. De outro, o veículo depende 100% das verbas publicitárias para sobreviver. Donde a lógica de vendas ter precedência sobre qualquer outra em televisão.

11

É provável que nenhum outro profissional tenha sido mais decisivo na construção da TV Globo, e da própria televisão no Brasil, do que José Bonifácio de Oliveira Sobrinho, o Boni, que atuou por 30 anos, de 1967 a 1997, dirigindo toda a produção, a operação e a programação da emissora.

Boni criou, entre tantas coisas, o próprio *Fantástico*, chegando a escrever a letra que rechearia a trilha que Guto Graça Mello compôs para a abertura do "Show da Vida", que estreou em 5 de agosto de 1973.

Enquanto Boni cuidava do conteúdo, dos programas, daquilo que ia ao ar, num tripé formado por entretenimento, esportes e jornalismo, Walter Clark cuidava da estratégia e da área comercial. Walter planejava, Boni produzia. Walter vendia, Boni entregava.

Walter Clark, em dezembro de 1965, aos 29 anos, era o principal executivo da TV Rio, a emissora líder no Rio de Janeiro. Foi quando decidiu sair, depois de quase dez anos de casa, para assumir a direção da TV Globo — que havia sido fundada apenas oito meses antes, em abril de 1965.

Em março de 1967, Walter traria Boni, pouco mais de meio ano mais velho que ele, para a TV Globo — no cargo de superintendente de produção e programação. Os dois se conheciam do mercado publicitário, se admiravam e haviam trabalhado juntos na TV Rio, em 1963. Desde então, Boni havia tido rápida passagem pela TV Excelsior, em São Paulo, em 1964, e trabalhara também na TV Tupi.

A TV Excelsior, líder em São Paulo — naquela época as emissoras transmitiam apenas localmente —, inaugurou uma série de inovações a partir de 1963: as novelas passaram a exibir capítulos diários (em vez de irem ao ar duas ou três vezes por semana), os programas passaram a ter hora certa para começar (antes os horários de exibição eram mais frouxos), a programação passou a ser horizontal (com atrações fixas nos mesmos horários, todos os dias), os intervalos comerciais passaram a ter no máximo cinco minutos (antes eles eram irregulares e podiam durar bem mais do que isso), foi criada uma vinheta institucional (com um casal de crianças, Paulinho e Ritinha) pontuando a programação, e o formato do telejornalismo foi modernizado.

Mas foi com Boni e Clark em ação na TV Globo que a televisão no Brasil se tornou uma indústria pujante e abrangente, atraente e relevante. Juntos, eles aperfeiçoaram o conceito de grade de programação, criaram um horário nobre com o *Jornal Nacional* ensanduichado entre duas novelas, instituíram o padrão Globo de qualidade, organizaram o modelo de emissoras afiliadas — que permitiu a concretização de uma rede nacional de televisão —, entre outros divisores de água na história da televisão brasileira.

Walter deixaria a TV Globo em 1977 — como o executivo mais bem pago do *mundo* à época. O modelo de negócios criado por ele e desenvolvido nos anos seguintes por José Ulisses Arce, José Octavio de Castro Neves, Yves Alves, Octávio Florisbal e outros executivos, num processo iniciado ainda naquela histórica virada dos anos 60 para os 70, quando a emissora se tornou líder e começou a se transformar na ubiquidade que seria pelas quatro décadas seguintes, tem garantido até hoje o enorme sucesso comercial da empresa.

A TV aberta fica, historicamente, com pouco mais de 60% dos investimentos em mídia no país — que, em 2015, segundo o Media Compass, relatório da Kantar Ibope Media e do Grupo de Mídia São Paulo, foram de 35 bilhões de reais. A TV Globo fica, historicamente, com mais de 70% dessa fatia destinada à TV aberta.

Isso significa dizer que um veículo, sozinho, recebe mais de 40% do total de verbas investidas pelos anunciantes brasileiros. Dito de outro modo: a TV Globo, individualmente, fatura com publicidade tanto quanto todos os veículos de todas as empresas de todos os outros meios somados: Revista, Internet, Rádio, Jornal, TV por Assinatura, Outdoor e Cinema.

Outro jeito de enxergar o quadro: a TV Globo fatura o dobro de todas as outras emissoras de TV aberta juntas. Ou ainda: a margem de lucro da TV Globo (3 bilhões de reais em 2015) equivale praticamente aos *faturamentos* somados da TV Record e do SBT, seus principais concorrentes.

(No Anexo 1, "Como funciona o mercado publicitário brasileiro", à página 223, detalho algumas engrenagens que fazem o sistema da indústria de mídia girar no Brasil.)

Há quem faça uma crítica moral a esses números. Não é o meu caso. Enxergo nesse cenário, sobretudo, a competência da empresa, que soube construir e defender esse resultado ao longo dos anos. Esse faturamento vem, em grande parte, do relacionamento da TV Globo com outras empresas privadas que, tanto quanto a própria emissora, visam apenas a seus próprios interesses.

Exceção a esse raciocínio precisa ser feita em relação às verbas estatais. A concentração desproporcional de investimentos publicitários públicos em um determinado meio ou veículo é um problema de outra natureza. Empresas privadas podem fazer o que quiserem com o seu dinheiro. Governos, cujo dinheiro é público, não deveriam privilegiar determinado meio ou veículo em detrimento de outros na hora de planejar a sua comunicação.

De algum modo, a sociedade, ao escolher onde e como consome conteúdo e informação, está pautando onde e como o governo deveria investir para publicar suas mensagens. Ou seja: a proporção entre as audiências — uma espécie de voto público — deveria influenciar diretamente a distribuição das verbas estatais entre os veículos.

Em termos políticos, o modo como o governo divide sua verba entre os vários veículos pode implicar favorecimento de aliados e bloqueio econômico aos adversários — especialmente num país em que historicamente a iniciativa privada sempre dependeu bastante do Estado.

Ainda em termos políticos, muito se especula sobre o apoio que a TV Globo teria recebido do regime militar. De fato, é provável que fosse conveniente aos militares apoiar um grupo conservador que pudesse protagonizar, de modo seguro, controlado e alinhado, o plano de integração nacional por meio das comunicações, que seria levado a cabo pela Embratel, criada em 1965, com a construção de torres de transmissão em micro-ondas interligando o país inteiro. Pela primeira vez na história, seria possível falar no Rio ou em São Paulo, ou em Brasília, e ser ouvido ao mesmo tempo tanto no Oiapoque quanto no Chuí.

O fato de o golpe ter sido perpetrado em 1964, um ano antes da estreia da TV Globo, parece corroborar essa tese de conluio — embora a concessão da emissora tenha sido outorgada a Roberto Marinho muitos anos antes, em 1957, ainda no governo JK.

A TV Globo também foi objeto de uma Comissão Parlamentar de Inquérito (CPI), ainda em 1965, meses depois da sua fundação. Carlos Lacerda, governador do então estado da Guanabara, e ele próprio jornalista, ex-dono de jornal, denunciaria a suposta ilegalidade das relações da emissora com o grupo americano Time-Life Inc., que feririam o artigo 160 da Constituição brasileira à época, que proibia a participação de capital estrangeiro na gestão ou na propriedade de empresas de comunicação no Brasil.

A CPI foi encerrada em 1966, com decisão *desfavorável* à TV Globo. Em 1967, a situação foi revertida com um parecer do consultor-geral da República, que considerou que não havia uma *sociedade* entre as duas empresas. Desse modo, a TV Globo foi oficialmente legalizada — o acordo com a Time-Life Inc., assinado em julho de 1962, seria encerrado em julho de 1971.

É lícito imaginar, ainda, que Roberto Marinho não fosse o único capitão da indústria da mídia com valores e interesses consonantes com os dos militares. A ditadura foi apoiada por praticamente todos os grandes veículos e por virtualmente todas as famílias donas de grandes empresas de comunicação no país.

E mesmo onde não houvesse apoio sincero, havia a imposição da censura — o tacão estava estabelecido, seria recrudescido nos anos seguintes, e tornava impossível qualquer dissidência. Ou seja: todos os veículos e grupos de comunicação tocariam conforme a partitura dos militares, gostando ou não. E a maioria dos patrões não estava exatamente desgostosa com o novo regime.

Em suma: por uma via ou por outra, a TV Globo não tinha exclusividade no colaboracionismo com os generais.

Outro ponto: no nebuloso mundo das concessões públicas, as relações de interesse e de influência do poder econômico com o poder político, e a proximidade das empresas concessionárias com os governos que outorgam as concessões, em vários níveis, são uma constante — portanto, no provável âmbito das trocas de favores e gentilezas, a TV Globo também parece não ter tido grande diferenciação em relação a seus concorrentes.

Então, se houve algum favorecimento, *por que* houve *esse* favorecimento?

Se a TV Globo, diferentemente de várias outras emissoras, que lhe eram iguais ou até superiores naquele momento, alcançou construir vantagens competitivas que lhe permitiram crescer e se tornar uma *category killer* (empresas que "acabam" com os competidores no segmento em que entram), talvez esse fenômeno não possa ser explicado somente pela via política.

É possível que boa parte da resposta esteja no tremendo diferencial que a emissora conseguiu forjar, e impor sobre seus concorrentes; não apenas na eficiência do *lobby* em Brasília, mas também em visão empresarial, em tino comercial, em capacidade técnica, em apuro na execução, em excelência no acabamento e na entrega dos seus produtos e serviços.

A TV Globo, para além do seu alinhamento ideológico com o regime militar, se desenvolveu, em grande medida, por mérito do seu modelo de negócios, por sua estratégia de vendas e pela qualidade das suas produções — mercê do time de talentos que conseguiu atrair e deixar trabalhar. Foi isso, no fim das contas, que a tornou única entre as várias outras empresas de comunicação do país, que apresentavam condições similares às suas, inclusive no que tange ao adesismo à ditadura.

E o sucesso comercial da TV Globo veio como um prêmio — régio — ao começo difícil que a empresa teve financeiramente. Segundo um de seus fundadores, a emissora, inaugurada em 26 de abril de 1965, só teve o primeiro lucro em 1972 — aproximadamente 3 milhões de dólares (algo como 17 milhões de dólares em 2016). Havia uma tremenda pressão dos sócios americanos, da Time-Life Inc., que haviam investido por volta de 5 milhões de dólares no projeto da TV Globo (algo como 38 milhões de dólares em 2016). Os americanos cobravam rentabilidade de uma empresa que perdia religiosamente 250 mil dólares por mês (algo como 1,8 milhão de dólares em janeiro de 2016). Ainda segundo esse executivo, os acionistas só começaram a retirar dividendos do negócio em 1976, onze anos depois da estreia da emissora, em último lugar de audiência entre suas concorrentes cariocas.

Outro fator determinante para a pujança comercial da TV Globo é um instrumento chamado Bonificação de Volume — ou BV. (No Anexo 2, "A Bonificação de Volume e a hegemonia do meio TV no Brasil", à página 231, analiso o funcionamento e as consequências dessa ferramenta comercial.)

12

Os apresentadores do telejornalismo tinham com frequência compromissos fora da emissora. Eram convidados para atuar como mestres de cerimônia em eventos corporativos, principalmente. Essa era uma atividade importante do ponto de vista econômico para os Elfos. Havia uma regra em curso — jornalistas não podiam aparecer em campanhas publicitárias, ao contrário dos artistas da CGP, os Deuses, que tinham essa permissão. Mas os Elfos podiam vender ao mercado sua participação em eventos fechados, desde que não houvesse veiculação externa das suas imagens atuando a serviço de uma marca.

Essa é outra zona cinzenta criada na fricção entre os princípios do jornalismo e a lógica do entretenimento em televisão. Quem aparece na tela tende a ficar famoso. Tende a criar, para além de suas competências e talentos específicos, outra característica bastante valiosa: a imagem. É quando um jornalista vira estrela e se aproxima do diapasão dos artistas. A dificuldade é que o mundo do jornalismo e o mundo das celebridades são regidos por éticas absolutamente distintas.

Os Deuses podiam vender sua imagem a quem quisessem. Podiam ser vistos ao mesmo tempo em dezenas de campanhas publicitárias, endossando concomitantemente uma série de marcas e produtos, dentro e fora dos programas de que participavam.

Com os Elfos não funcionava assim. Eles também eram famosos — mas não eram artistas. Antes de serem estrelas, eram jornalistas. E tinham em sua imagem pública um valor até maior do que os atores e atrizes — a credibilidade e a precisão das informações que veiculavam, a imparcialidade e a justeza na análise dos fatos, uma dose extra de equilíbrio e de autoridade na voz. Por isso não podiam vender nem alugar publicitariamente sua imagem.

Há três pontos interessantes em relação a essa prática, que no meio é comumente conhecida por "jabá" — ou "jabaculê", um termo cunhado há muitos anos na indústria da música para denominar o estipêndio (que muitos consideravam suborno) que as gravadoras pagavam às emissoras de rádio e televisão para a execução de determinada música ou para a exposição de determinado artista em sua programação.

Originalmente, "jabá" é um tipo de carne de sol com a qual se tempera o feijão no Nordeste brasileiro. A analogia é com um presente que você recebe, geralmente *por fora*, para tornar sua mesa um pouco mais farta. Por extensão a tudo isso, "jabá" virou uma expressão que dá conta dos mimos — inclusive na forma de convites para trabalhos extras — oferecidos a jornalistas.

O primeiro ponto: a quem pertence a imagem das estrelas, sejam elas jornalistas ou artistas? A construção da fama, a exposição daqueles rostos, a formação daquelas personas públicas, que geram todas essas oportunidades paralelas, pertencem à estrela ou à emissora? Aqueles valores intangíveis, como simpatia ou confiabilidade, que atraem os contratantes, pertencem ao profissional ou à empresa que o consagrou? O apresentador de um programa seria convidado a conduzir um evento empresarial se não apresentasse aquele programa? Ele continuará recebendo convites depois que deixar de apresentá-lo?

Se considerarmos que a emissora tem participação na construção desse ativo, ela também deveria ter direitos sobre ele. A imagem da estrela que a emissora tem sob contrato seria, ao menos em parte, ou ao menos temporariamente, uma copropriedade sua. A emissora, seguindo esse raciocínio, deveria receber uma parte do "jabá". Ou ao menos ter a chance de decidir junto com a estrela quais convites deveriam ser aceitos e que preço deveria ser cobrado por essas participações, de modo a se remunerar pelo investimento realizado na construção daquela imagem e a melhor administrar o valor daquele ativo no mercado.

O segundo ponto: a ideia de que o artista pode vender livremente a sua imagem e a sua opinião, enquanto o jornalista, não, parece problemática. Então o apresentador do programa de auditório pode endossar qualquer coisa? Mas a opinião endossada por ele, cuja autoridade é sustentada pela tela e pelo microfone da emissora, não tem peso? A atuação e as declarações de um artista não podem comprometer a imagem da emissora tanto quanto a opinião e as declarações de um jornalista que usa a mesma tela e o mesmo microfone?

De um lado, se a empresa de comunicação entende que deve haver uma divisão clara entre as suas opiniões e as opiniões de seus talentos, e que essa barreira deve ser respeitada e tornada evidente para a audiência, inclusive em nome do respeito às liberdades de opinião e de expressão individuais dos talentos que nela trabalham, isso deveria valer tanto para os artistas quanto para os jornalistas — ambos, portanto, deveriam ter alvará para, por exemplo, estrelar campanhas publicitárias.

De outro lado, se a empresa de comunicação entende que se expressa como marca e como instituição por meio de todos os rostos e vozes que coloca no ar, em seu nome e na sua frequência, então as atitudes, as crenças, os valores e as posições de um artista, mesmo quando ele aparece no intervalo comercial, e não à frente de um programa, parecem ser tão estratégicos para a construção ou a erosão da imagem da empresa quanto a atuação de um jornalista naquelas mesmas condições.

Não faria sentido, sob esse ponto de vista, liberar os Deuses e restringir os Elfos. A menos que a emissora não leve as opiniões dos seus artistas a sério, a ponto de não se preocupar em regulá-las, ao contrário do que faz com seus jornalistas. Mas, nessa perspectiva, por que os anunciantes se disporiam a alugar a peso de ouro essas opiniões divinas, que sequer qualificam para merecer um controle de qualidade mais apurado da própria emissora que os emprega?

Talvez a emissora considere simplesmente que ter seus artistas estrelando os intervalos comerciais ajude a torná-los ainda mais famosos e influentes, o que reverteria em ganhos adicionais de audiência e de faturamento para a própria emissora, num círculo virtuoso.

Ou talvez a emissora considere que esse é um jeito de oferecer um bônus a seus artistas com o dinheiro dos outros. Daí permitir que seus artistas disponham do vídeo como vitrine de autopromoção. A empresa, por liberalidade, abriria mão dos direitos sobre a imagem das suas estrelas, deixando para elas a totalidade dos ganhos diretos obtidos com esses negócios paralelos. (Mesmo sem participar dos "jabás" dos Deuses, no entanto, vale lembrar que a emissora já está ganhando com eles na medida em que vende os espaços de mídia para que os comerciais com seus artistas embarcados sejam veiculados.)

Ainda assim persiste a questão: por que essa postura não vale também para os Elfos? Pela singularidade dos valores editoriais — imparcialidade, isenção, independência, discrição, parcimônia, equilíbrio, distanciamento crítico? Sim. Jornalistas precisam estar associados a tudo isso para construírem e manterem vivo seu principal ativo: a credibilidade.

Mas aqueles valores não deveriam estar presentes também, em alguma medida, na conduta dos Deuses? Ou os artistas estão liberados de serem imparciais, isentos, independentes, discretos, parcimoniosos, equilibrados, críticos — em suma: críveis — em suas atuações profissionais e em suas aparições pessoais?

O terceiro ponto sobre "jabás": consideremos que os jornalistas mereçam mesmo um controle mais rígido da emissora em relação às suas imagens, porque, afinal, lidam com informação e objetividade — e não com entretenimento e subjetividade. Ou porque são lidos e ouvidos pelas pessoas como profissionais dos "fatos" e das "verdades" e não como trabalhadores da "ficção" e da "fantasia". Ou porque, enfim, são experts nos quais acreditamos na hora de formar racionalmente nossa opinião. (Ainda que os artistas tenham um poder muitas vezes até maior de formar opinião — não fosse assim, os anunciantes não os contratariam para endossar suas mensagens.) Se tudo isso é verdade, ao permitir o "jabá" aos jornalistas, mesmo que somente o presencial, sem a veiculação das suas imagens, há o risco de isso implicar um conflito de interesses e de resultar em contaminação editorial.

Imagine que uma empresa, contratante habitual de uma estrela do jornalismo, venha a ser objeto de uma investigação no telejornal encabeçado por esse Elfo. Essa pauta seria apoiada ou esvaziada internamente por esse jornalista, que tem ganhos financeiros pessoais condicionados à manutenção da normalidade da vida daquela empresa? Ou que desenvolveu relações pessoais e profissionais extrajornalísticas com os gestores daquela companhia investigada?

As questões de ética profissional, de embate entre interesses editoriais e comerciais, que valem para as empresas jornalísticas, como instituições, também valem para seus funcionários, como indivíduos.

Um editor que conheci na *Exame*, logo que comecei na profissão, era radical a respeito disso: "jornalista não pode ter amigos", parafraseando o americano Joseph Pulitzer, um dos pais do jornalismo moderno. Talvez a questão não precise ser levada a esse extremo. Mas, no fundo, conceitualmente, ele tinha razão. (Da mesma forma: jornalista não pode ter "clientes". Os únicos clientes de um jornalista são seus leitores, ouvintes e telespectadores.)

Ou, ainda, como ouvi de um repórter na própria TV Globo: "o único jornalista 'confiável' é o seu assessor de imprensa". Ou seja: bons jornalistas existem para descobrir o que está encoberto e para divulgar aquilo que se tenta esconder. Não é, de fato, um trabalho que comporte compadrios.

Esse colega sublinhava com isso que a função básica do jornalista é apurar e publicar histórias de modo independente. Qualquer conchavo ou conflito de interesses que impeça essa atuação não deve ser bem-vindo e não pode ser admitido. Qualquer outra expectativa diante de um jornalista será um equívoco. Muitas vezes, para ser leal ao seu público, o jornalista precisará se tornar pouco confiável diante de quaisquer outros interlocutores. Se houver outros interesses pesando sobre a mesa, ou pressionando por debaixo dela, está errado.

Era regra em empresas jornalísticas que buscavam preservar os limites éticos em sua atuação editorial que seus jornalistas não aceitassem presentes nem estímulos econômicos para a realização de suas reportagens. (Há empresas de outros ramos que também proíbem seus executivos, em qualquer departamento, de receber mimos de fornecedores.)

A Abril, por exemplo, estipulava que qualquer presente que chegasse à Redação, em valor superior ao equivalente a uma boa garrafa de vinho, algo como 50 dólares, fosse imediatamente devolvido, em nome da eliminação de qualquer ideia de favorecimento passado ou de retribuição futura. A Abril também não costumava aceitar ofertas de viagens, de hospedagem ou de alimentação em coberturas jornalísticas.

Há uma frase bonita sobre isso: "Não temos interesse em participar de nenhuma cobertura jornalística que não pudermos financiar com nossos próprios recursos". *Isso é isenção jornalística.* Mesmo que exista muito mais (e cada vez mais) como princípio do que como realidade, ela serve como uma seta indicando o lado certo.

Em televisão, as regras não eram exatamente essas. Era comum que uma emissora recebesse e analisasse convites — para cobrir um evento ou acompanhar uma expedição ou entrevistar os atores no lançamento de um determinado filme de Hollywood (os famosos *junkets*), com exclusividade de veiculação e com as despesas pagas pelo organizador que havia feito o convite. Da mesma forma, era comum que um programa deixasse de priorizar uma pauta quando o convite implicava uma cobertura custosa e não incluía o pagamento desses custos.

13

É notável como tantas empresas, a partir de determinado ponto da escada corporativa, direcionam seus talentos mais criativos para papéis secundários. Os acionistas costumam admirar os *hunters*, mas na hora H escolhem os *farmers*.

(*Hunters*, "caçadores", são os caras que saem todo o dia para a mata densa do mercado, onde todos os outros só enxergam sombras e perigos, com apenas uma faca na mão, e dão o seu jeito de trazer o bife para casa. Os *farmers*, "agricultores", são os caras que jamais se aventuram na floresta, atuam somente perto de casa, cultivando hortaliças, num cotidiano mais seguro e controlado.)

No painel de comando dos gestores de gente, os *hunters* são os criadores, os desbravadores, os destemidos, os inventores, os caras que pensam — e ousam *fazer* — diferente. E os *farmers* são os mantenedores, os caras que prezam mais o controle (e que se submetem com mais facilidade a ele), os que são bons em tocar o dia a dia ordeiramente, na base da repetição e da meticulosidade.

O fato é que as empresas costumam escolher para os cargos mais altos os profissionais que oferecem menos risco — mesmo que eles sejam menos brilhantes. Dez entre dez conselhos de administração, na hora de escolher um presidente, ou dez entre dez presidentes, na hora de escolher um VP, parecem valorizar mais um bom executivo que saiba cumprir ordens do que um executivo *excepcional*, com capacidade para reinventar o negócio, mas que seja, de algum modo, *imprevisível*.

Os americanos criaram outro jargão para definir esses dois tipos de profissionais: os *right brainers* — aqueles indivíduos que operariam mais com o lado direito do cérebro e por isso seriam mais visuais, intuitivos, criativos, mais inclinados às artes e à inovação — em oposição aos *left brainers* — que seriam criaturas mais analíticas, lógicas, detalhistas, mais voltadas para as ciências, para o método e para a segurança, por utilizarem mais o lado esquerdo do cérebro.

Heróis de capa e espada são decisivos na hora da batalha. Em tempos de paz, no entanto, bons lavradores se encaixam melhor no esquema. Os mosqueteiros salvam a nossa pele na hora do perigo — em situações limítrofes, em que o pior risco é não fazer nada ou continuar fazendo a mesma coisa. Tão logo a vida volta ao normal, passamos a ver esses cavaleiros solitários como criaturas arrogantes e bruscas. Pessoas que nos coloca na situação indesejável de nos sentirmos menos potentes que elas. Por isso, em momentos de calmaria, preferimos executivos com capacidade de articulação, de conchavo, que amarrem todas as pontas de modo mais suave e consensual, e que não nos atropelem com a sua atuação, nem nos arrastem para fora da nossa zona de conforto.

Por isso, Bob Lutz, um dos maiores executivos da indústria automobilística em todos os tempos, nunca chegou a ser o CEO da General Motors, sua *alma mater*. Por isso Steve Jobs foi ejetado da Apple, empresa que fundou, assim que os demais acionistas acumularam poder suficiente para se verem livres dele e de suas idiossincrasias e de seu brilho — tão intenso quanto incômodo. (Mais tarde ele voltaria, salvaria a Apple do declínio e a transformaria na empresa mais valiosa da história do capitalismo.)

Os *right brainers* também são escanteados em muitas empresas brasileiras. É como se essas organizações dissessem — "não queremos gênios no comando, porque o potencial de loucura que vem no pacote é muito alto e, numa palavra, inadministrável — e nós estamos no ramo da administração e não da genialidade. Fiquemos com aqueles que nos oferecem segurança e regularidade."

O cartel de vitórias do sujeito, sua obra construída, a meritocracia pura e simples se tornam quesitos menos importantes, na hora de decidir quem vai sentar nos cargos de alta direção, do que sua capacidade política, seus modos à mesa, sua coleção de gravatas comportadas, de palavras bem postas e de sorrisos adestrados.

Eis a lição corporativa: a *confiança* é um valor muito maior do que a *competência*; não bulir com o que está estabelecido é muito mais importante do que carpir soluções extraordinárias — que no mais das vezes são compreendidas (ou, ao menos, *sentidas*) como ameaças.

Quando Boni criou o *Fantástico*, em 1973, reza a lenda que partiu da ideia de que fazia falta na televisão brasileira um programa, no domingo à noite, que passasse a semana a limpo para o telespectador, de modo leve e descontraído, unindo jornalismo e entretenimento, notícia e humor. Uma revista eletrônica que tivesse informação misturada com show e que encantasse pelo inusitado, pelas curiosidades, pelo mistério, pelas novidades, pelas imagens marcantes. (Além disso, era preciso fazer frente ao Chacrinha, que havia ido para a concorrência.)

Surgia o "Show da Vida", capturando completamente o *zeitgeist* daquele momento da vida nacional. Um lampejo genial de Boni — se é que tudo saiu mesmo da cachola dele desse jeito — ao conceber o conceito de um brasileiro que voltava da praia ou do passeio, jantava cedo em casa com a família e ia para a frente da televisão, por volta das 20h, até a hora de dormir, por volta das 23h. Aquele era o momento histórico que acontecia diante de Boni — e que ele compreendeu, traduziu e a partir do qual se tornou vitorioso como poucos na história da televisão mundial.

Entre concepção, redação, produção, apresentação e direção, o *Fantástico* envolveu em seus primeiros anos nomes como Maurício Sherman, Augusto César Vanucci, Nilton Travesso, João Lorêdo, Manoel Carlos, Dias Gomes, Walter Avancini, Paulo Ubiratan, Roberto Talma, Walter George Durst, Guto Graça Mello, Borjalo, Hans Donner, Chico Anysio, Ronaldo Bôscoli, Ibrahim Sued, Luiz Carlos Miele, Marília Pêra, Sandra Bréa, José Wilker, Armando Nogueira, Alice Maria, José Itamar de Freitas, Cidinha Campos, Marisa Raja Gabaglia, Hélio Costa e, claro, Cid Moreira e Sérgio Chapelin, além de várias outras estrelas da emissora que faziam participações no programa. Foi um sucesso.

Pense também no *TV Mulher*, programa matinal que estreou em 7 de abril de 1980 e foi exibido até 27 de junho de 1986 — uma resposta rápida e bem-acabada ao movimento de emancipação feminina e à luta pela igualdade de direitos e de oportunidades entre homens e mulheres, ventos que sopravam com força no Brasil no fim dos anos 70.

O *TV Mulher* era um programa matinal, que ia ao ar de segunda a sexta, e trazia uma sexóloga, Marta Suplicy, falando abertamente sobre orgasmo feminino e pronunciando a palavra "vagina", sem nenhum constrangimento e com todas as letras, enquanto a dona de casa, boquiaberta diante da tela, buscava se recuperar para não errar o tempero do feijão.

O *TV Mulher* trazia também Eduardo Mascarenhas, um psicanalista erotizado, de fala sedutora, que estimulava as mulheres a se "liberarem" e "irem à luta" (expressões da época que ele ajudou a popularizar), disseminando para os rincões mais profundos do Brasil a moral sexual de Ipanema.

Eram temas revolucionários, num programa ousado, feito para uma nova mulher brasileira que surgia ali. O formato, quase 40 anos depois, continua muito mais moderno do que a programação televisa matinal que se faz hoje. Dirigido por Nilton Travesso, o *TV Mulher* teve em seu time Marília Gabriela, Ney Gonçalves Dias, Xênia Bier, Ala Szerman, Clodovil Hernandez, entre outros.

Pense ainda em *Malu Mulher*, série que a TV Globo havia estreado no ano anterior, em 24 de maio de 1979, que seria exibida até 22 de dezembro de 1980, e que também traduzia brilhantemente aquele espírito do tempo. Criada e dirigida por Daniel Filho, e estrelada por Regina Duarte e Dennis Carvalho, *Malu Mulher* colocava pela primeira vez em tela nacional tabus, como divórcio — regulamentado no Brasil apenas dois anos antes, em 1977 —, violência doméstica, aborto, a realidade da mãe solteira, virgindade, a vida amorosa da mulher descasada, a inserção da mulher em um mercado de trabalho masculino.

As trilhas de *TV Mulher* e de *Malu Mulher* eram, em si, manifestos poderosos, e se tornaram hinos que marcaram época. Respectivamente, "Cor-de-rosa Choque", de Rita Lee e Roberto de Carvalho ("Sexo frágil/Não foge à luta/E nem só de cama vive a mulher/Por isso não provoque/É cor-de-rosa choque/Mulher é bicho esquisito/Todo mês sangra/Um sexto sentido maior que a razão/Gata borralheira/Você é princesa/Dondoca é uma espécie em extinção").

E "Começar de Novo", de Ivan Lins e Vítor Martins, na voz de Simone ("Começar de novo/E contar comigo/Vai valer a pena/ Ter amanhecido/Ter me rebelado/Ter me debatido/Ter me machucado/Ter sobrevivido/Ter virado a mesa/Ter me conhecido/ Ter virado o barco/Ter me socorrido/Começar de novo/E contar comigo/Vai valer a pena/Ter amanhecido/Sem as tuas garras/ Sempre tão seguras/Sem o teu fantasma/Sem tua moldura/Sem tuas escoras/Sem o teu domínio/Sem tuas esporas/Sem o teu fascínio/Começar de novo/E contar comigo/Vai valer a pena/Já ter te esquecido").

Boni contribuiu decisivamente em todas essas tacadas certeiras. E se houvesse um Boni no auge, hoje? E se os melhores talentos de uma emissora — ou do mercado — fossem outra vez reunidos ao redor de um projeto? Como seria o programa que ele(s) (re)criaria(m)? Que formato(s) utilizaria(m) para reinventar a televisão? Que necessidades desatendidas de informação e entretenimento esse *right brainer* e sua equipe criativa identificariam no atual estilo de vida dos brasileiros, que pudessem ser supridas outra vez de modo cativante e arrebatador num programa de TV?

Dentro desse devaneio, há outro, que lhe é anterior: haveria condições ou espaço, hoje, para o surgimento de um novo Boni? Que tipo de investimento ou incentivo há, dentro de uma empresa, ou mesmo no mercado, em qualquer segmento, para a formação de novos Bob Lutz? Há desejo ou interesse genuíno entre nós de que outro Steve Jobs apareça?

A oferta de talentos é grandemente determinada pela demanda existente no mercado. Se as empresas não forem receptivas a esse tipo de profissional — capaz de enxergar o que os outros não veem e de antecipar o lado para onde o vento vai soprar —, ele simplesmente tende a não brotar. Você não determina o aparecimento desses fenômenos apertando um botão "quero". Mas você pode impedi-los de surgir apertando sucessivamente o botão "não quero".

O processo de afastamento dos *hunters* dos postos de comando nas empresas, a emasculação dos transformadores, o envio dos provocadores e dos inovadores para o exílio e a manutenção dos criadores e dos inventores em estufas de teto baixo enfraquecem a espécie dos *hunters* em termos evolutivos e a colocam em rota de extinção no tabuleiro corporativo. A questão que devemos nos perguntar é se queremos ou não ter gênios entre nós — com todos os inconvenientes que isso possa implicar.

Qualquer pessoa que já tenha trabalhado com um *right brainer* sabe que a principal dificuldade que eles impõem é o comportamento frequentemente mercurial. O estilo messiânico e o exercício totalitário da liderança parecem ser traços comuns a esse tipo de executivo. Falta a eles paciência para explicar — e, principalmente, para ouvir. O brilho criativo, a intuição matadora e o ímpeto realizador são proporcionais à incapacidade de negociar e de se colocar no lugar do outro. Não que os *farmers* também não tenham a capacidade de carregar todos esses vícios (além de outros), mas a questão que fica é: será que todo cara acima da média precisa necessariamente se transformar num colega irascível ou num chefe brutal?

A TV Globo havia sido uma empresa criativa e irreverente, havia materializado nas telas de TV uma nova estética, ao catalisar o gosto dos milhões de brasileiros que trocavam o campo pelas cidades na virada dos anos 60 para os 70. Em 1964, ano anterior à estreia da emissora, havia 1,6 milhão de televisores no Brasil. Em 2017, pouco mais de meio século depois, havia 66,8 milhões de domicílios no Brasil com ao menos um aparelho de televisão ativo. A TV Globo contribuiu decisivamente para a amplitude e para a aceleração desse processo que resultou em uma presença do meio TV em 99% dos lares brasileiros.

A TV Globo não teve medo de gerar disrupções criativas, e de empreender saltos quânticos em tecnologia e em negócios, superando o que havia antes dela e estabelecendo o seu próprio paradigma, que se tornou hegemônico. Essa visão inovadora, em termos empresariais e estéticos, e a grande execução dessa visão, colaram a TV Globo na alma da nova classe média urbana brasileira que ascendia. Esse foi o caminho que a tornou, por muitos anos, uma empresa sedutora, vitoriosa, um ícone, um norte, uma bandeira, um filtro, um elemento conspícuo na cultura e na vida nacionais.

Uma década depois da sua estreia, a TV Globo já havia se tornado o padrão vigente. Outras décadas se passaram, a liderança absoluta se consolidou.

Em que momento as empresas trocam o viço empreendedor de outrora, a inquietação novidadeira de quem está chegando, pelo conservadorismo de quem se estabeleceu e passou a defender o *standard* em vez de recriá-lo?

Em que momento empresas inovadoras trocam a ousadia pelo enfaro? Qual é o ponto de inflexão em que um bando de talentos indomáveis e *famintos*, que se divertiam reinventando o mundo à sua volta, se transforma num grupo de executivos bem-sucedidos e *satisfeitos*, cujo principal objetivo é manter seus próprios empregos, correndo o menor risco possível?

Será que é o destino de todo revolucionário, depois que sua revolução dá certo, liderar a reação, de modo a defender suas conquistas e interesses dos novos tempos — que sempre vêm, na forma de novas revoluções?

A lógica que se cristaliza parece ser a da reprodução do mecanismo vitorioso — em vez da busca por se manter afiado *apesar* do sucesso. Daí as empresas líderes tenderem a privilegiar mantenedores em detrimento dos criadores. Passa a ser mais importante manter a engrenagem funcionando com o menor nível de ruído possível. Se para criar for preciso sair da zona de conforto, então deixemos de criar. Cercam-se as ilhas de criatividade para que a inovação seja usada apenas para potencializar o que já está instalado — e para que o novo não transborde para áreas onde ele não é bem-vindo. Saem de cena os audazes pilotos de caça, substituídos por pilotos automáticos controlados a distância, a partir de uma poltrona, numa sala refrigerada.

Essa estratégia funciona bem quando tudo vai bem — e você só precisa fazer mais do mesmo para que tudo dê certo. Mas deixa de funcionar quando as coisas começam a demandar mais do que simplesmente tocar o velho barco na mesma direção.

Quando os fundamentos do negócio precisarem ser revistos, entretanto, de onde sairão os talentos criativos para repensar a empresa? Como reinventar um modelo de atuação quando a estrutura por tanto tempo desestimulou o pensamento livre, reprimiu o questionamento e solapou a diferença?

É impossível construir o futuro sem bulir com o presente. E, sobretudo, sem largar a mão do passado. Tentar cristalizar a vida como ela é hoje, ou como ela foi um dia, implica sempre negligenciar as potencialidades da vida amanhã.

E, no entanto, é difícil fazer diferente. Afinal, não é função primordial de um líder defender sua liderança? Não é absolutamente natural que a instituição busque reproduzir aquilo que deu certo, aquilo que a trouxe até ali?

Quem dentre vós tiver essa clareza e essa coragem para questionar as próprias verdades estabelecidas que atire a primeira pedra na sua galinha dos ovos de ouro.

14

Álvaro Pereira Jr., chefe de redação do *Fantástico* em São Paulo, era um jornalista instruído e bem preparado — especialmente nos temas que lhe eram caros, como música pop, ciência e *hard news*.

Tinha solidez nos fundamentos da profissão — era curioso, detalhista, rigoroso, bom apurador e bom entrevistador. E não tinha medo do confronto — gostava da esgrima, da interpelação. Fazia a sua lição de casa e nunca entrava numa dividida com a perna frouxa. Em Álvaro, a competência tinha aspereza.

Álvaro tinha grande capacidade de trabalho. Era meticuloso em relação à sua própria produção — e exigente, com frequência duro, com quem trabalhava com ele. Chamava a responsabilidade para si, botava a mão na massa e impunha ao time o seu diapasão.

Certa feita, peguei para editar a adaptação de um material da BBC. Compus um roteiro tropicalizando aquele conteúdo e chamei um apresentador para conduzir a matéria. Aquele talento já tinha sido utilizado no programa. O que eu não sabia é que havia uma resolução de não utilizá-lo novamente. Só soube disso quando o material já estava todo gravado.

Álvaro se ofereceu para regravar o VT. O roteiro tinha várias externas e ele regravou todas as passagens num dia excruciantemente quente no Rio. Depois gravou a locução e editou ele mesmo a matéria. Aquele *tour de force* lhe rendeu um torrão na testa.

Álvaro havia chegado ao *Fantástico* em meados dos anos 90, em consequência da sua coluna no *Folhateen*, o extinto caderno da *Folha de S.Paulo* destinado ao público adolescente — cujo nome ele mesmo havia ajudado a cunhar. Meu chefe gostava das colunas de Álvaro e um dia resolveu fazer contato e saber quem era aquele jornalista. Passaram a trabalhar juntos desde então.

Álvaro começara no *Fantástico* como chefe de redação no Rio. Mais ou menos um ano depois, optou por voltar a São Paulo. Ele tinha uma peculiaridade: atuava atrás das câmeras, mas tinha licença para aparecer no vídeo. Álvaro era um Hobbit com prerrogativas de Elfo: seu papel como executivo era o que lhe tomava mais tempo — e por essa função era efetivamente cobrado e reconhecido —, mas tinha brevê para atuar como repórter.

Álvaro tinha boas ideias para o programa. Em determinada semana, houve um acidente inacreditável em Campinas, envolvendo um automóvel e um trem, em que a motorista saiu ilesa de dentro do carro, transformado numa bola de metal retorcido. Os bombeiros haviam demorado uma noite inteira para retirá-la das ferragens. Lembro de Álvaro comentando que seria ótimo se pudéssemos colocar aquele carro, do jeito que estava, no meio do estúdio, no domingo. E trazer a moça para nos contar, ao vivo, diante da carcaça do seu automóvel, como tinha sobrevivido ao acidente. A ideia não foi adiante, mas representava um uso espetacular do meio televisão.

O mote de Álvaro, nas reuniões de pauta e de definição do programa, era sempre a "relevância jornalística". Seu raciocínio se filiava à linha do *hard news*. Ele buscava sempre um programa "quente", fincado em novidades e informações, se possível exclusivas, sobre os assuntos mais relevantes da semana. Uma lógica inatacável para um programa noticioso semanal.

Do meu lado, eu acreditava que o caminho para o *Fantástico* era ser menos um jornal veiculado aos domingos, e mais uma revista de variedades que endereçasse temas de grande interesse — não necessariamente atrelados às manchetes da semana. Divergíamos sobre o significado de "relevância jornalística" — que é um conceito tão elástico quanto a filosofia, mas que era tratado pela turma do *hard news* com rigidez matemática. A visão de Álvaro estava alinhada com o que meu chefe pensava para o programa.

Eu não era um jornalista puro-sangue. Não comecei como repórter de jornal, na editoria de polícia, ou de política, ou de geral. Também não havia começado em TV de madrugada, fazendo rádio-escuta (garimpo de informações vindas de fontes oficiais, como a polícia, ou do monitoramento de outras mídias). Tampouco era um jornalista que havia chegado à televisão depois de se destacar no rádio, cobrindo o cotidiano da cidade — trânsito, tempo, buracos, enchentes, manifestações.

(A televisão era muito mais natural para quem vinha do rádio, que também é um meio eletrônico que publica conteúdo em tempo real, de modo ininterrupto, com coberturas ao vivo, do que para quem vinha da mídia impressa. Assim como a TV era muito mais próxima de quem vinha de jornal, com sua objetividade e seu fechamento diário, do que para quem vinha de revista, com sua apuração em mais profundidade e seu processo de produção mais alongado.)

Sou, antes que tudo, um escritor. O jornalismo veio para mim como consequência desse interesse seminal por escrever. Portanto, sempre fui mais redator do que repórter. Minhas competências de edição vinham do exercício de refletir e de explicar — uma função fundamental para quem escreve. E não necessariamente de uma habilidade de farejar e cavoucar informações obtidas na trincheira da reportagem.

Sabia identificar uma boa história e contá-la bem. Havia treinado a sensibilidade para compreender os gostos de quem consome informação. Mas enquanto para grande parte dos repórteres o barato estava na apuração, na investigação, e a parte chata do trabalho era escrever, para mim a redação era justamente o melhor momento do dia.

Eu não tinha nenhum apreço especial pelo *hard news*. Não tinha essa ansiedade de saber primeiro. Nunca me movi pela sanha de publicar *antes* — minha escola era tentar publicar *melhor*. Admirava o furo, a obtenção de informação exclusiva. Reconhecia o valor do jornalismo investigativo e a importância da revelação de informações de interesse público que alguns interesses privados gostariam de manter em segredo. Apenas não era aí que batia o meu coração dentro do jornalismo. Não era esse o diferencial que eu julgava ter construído ao longo da carreira.

Comecei no jornalismo como articulista, na *Exame*, nos anos 90. O ensaio foi a ponte entre o que a profissão demandava e a minha vocação de escritor. Mesmo depois, dirigindo publicações, pautando reportagens e fechando capas, essa era a minha perspectiva — a do burilamento do conteúdo. Sempre gostei mais de *refletir* sobre o fato do que de meramente *reportar* o fato.

A meu ver, o melhor conteúdo jornalístico não é um prato que se precise comer quente, necessariamente. Das matérias de capa da *Time* às reportagens especiais do *New York Times*, das pensatas da *The Economist* aos documentários da Discovery ou da BBC. Gostava de bons textos, e da construção de teses que emprestassem sentido aos dados avulsos do cotidiano. Esse era o meu norte.

Eu enxergava interesse editorial em temas que não estavam necessariamente circunscritos ao noticiário do dia — dúvidas e curiosidades que se transformavam em demandas de informação importantes. A relevância jornalística estava não apenas em apresentar os fatos, mas também em aprofundar discussões, encarar polêmicas, jogar luz sobre tabus.

Outro jeito de enxergar essa diferença de estilos é pensar em duas ênfases que formam o jornalismo: a reportagem e a edição. A reportagem é o jornalismo voltado para fora, de mão no telefone, feito a partir de conexões externas, de movimentos centrífugos, operado por *bartenders* (caras que adoram ficar ouvindo histórias, conversando com os clientes, enquanto lustram os copos e servem drinques — é assim que ficam sabendo de tudo que está acontecendo no salão, não raro em tempo real).

Já a edição é o jornalismo voltado para dentro, feito a partir da digestão de informações, de movimentos centrípetos, de "cozinheiros" cuja arte é temperar, montar e harmonizar ingredientes avulsos em pratos cuja costura interna os clientes não encontrarão em nenhum outro lugar. Um jornalismo da porta da rua para dentro, de fundo de Redação — que precisa estar bem informado, mas que não deixa de respirar se não souber do último rumor no momento exato em que ele acontece.

De outra feita, num momento de "grande inspiração" — expressão irônica que aprendi com Álvaro —, dei a ele, logo que cheguei, a cópia de um singelo CD da minha banda. Sete faixas de pop rock — bonitinhas e mal executadas. Aquilo era um sinal de fumaça, a oferta de um aperto de mãos, um convite à camaradagem. Eu me expunha com aquele gesto que, claro, acabou não rendendo nenhuma proximidade extra entre nós.

Fiz coisa parecida quando dei à mulher do meu chefe uma cópia de outro CD que havia produzido para distribuir aos amigos, no ano anterior, no aniversário de um dos meus filhos. Eu havia composto e gravado quatro canções para os bebês. Ela tinha um neto mais ou menos da idade dos meus filhos e nós às vezes falávamos sobre crianças. Era um outro beija-mão, outra oferenda, outra tentativa de ser aceito — em nome da qual não hesitei em colocar sobre a mesa de negociações uma obra íntima, recheada com o que havia de mais precioso no mundo para mim.

Patrícia Poeta chegou à Redação do *Fantástico* em meados de 2007. Conhecíamos Patrícia das entrevistas com celebridades internacionais, especialmente do mundo do cinema, que ela costumava enviar de Nova York, onde vivia já há cinco anos com seu marido, Amauri Soares. Patrícia havia chamado a atenção na TV Bandeirantes, em Porto Alegre, logo no início de sua carreira, no final dos anos 90, e chegara à TV Globo de São Paulo em 2000, para apresentar a "Previsão do Tempo". No ano seguinte ela se casaria com Amauri, então diretor de Jornalismo da emissora em São Paulo.

Patrícia chegava ao *Fantástico* com a promessa de conduzir algumas séries e quadros. Trazia na mala algumas ideias de pauta e bastante entusiasmo. Com o passar dos dias, ela assumiu com humildade seu lugar na Redação, passou a ser escalada para as matérias do dia a dia e se movimentou muito bem em meio ao cipoal — topava as missões que lhe eram passadas com disponibilidade.

Menos de um ano depois, em janeiro de 2008, com a saída de Glória Maria do *Fantástico*, Patrícia estrearia na função de primeira apresentadora do programa — posição que ocupou até substituir Fátima Bernardes, em dezembro de 2011, como apresentadora e editora-executiva do *Jornal Nacional*, onde permaneceu até novembro de 2014.

Amauri, editor com passagem pelos principais telejornais da casa, havia assumido a direção de Jornalismo em São Paulo, em 1997, na gestão de Evandro Carlos de Andrade. À frente desse cargo, Amauri reformulou o jornal local *SPTV*, levando ao ar um projeto vitorioso de telejornalismo comunitário. Na década anterior, Amauri tinha participado da criação do *Aqui Agora*, no SBT, um marco na história do telejornalismo brasileiro. Eu já tinha ouvido elogios ao seu trabalho muito antes de vir para a TV Globo.

Em 2002, ano seguinte à morte de Evandro Carlos de Andrade, com a CGJ sob o comando de Schroder e Ali, Amauri foi deslocado para Nova York, para assumir a direção da Globo Internacional. Amauri e Patrícia só voltariam ao Brasil em 2007. E para o Rio, sede da emissora, e não para São Paulo. Amauri assumiu o cargo de diretor de Projetos e Eventos Especiais da Rede Globo, e acumularia a coordenação da Globo Rio.

Em janeiro de 2013, com a ascensão de Schroder à Direção-Geral da emissora, Amauri seria conduzido à direção da Central Globo de Programação, com a aposentadoria de Roberto Buzzoni, que a chefiava desde 1982. No mesmo ano, Amauri se tornaria diretor de Programação e Controle de Qualidade, absorvendo a Central Globo de Análise e Controle de Qualidade, anteriormente comandada por Luis Erlanger.

Luiz Villaça chegou junto comigo ao *Fantástico*, no fim de 2006. Villaça era um dos diretores de programas da casa, ligado ao Núcleo Guel Arraes, na Central Globo de Produção. Era cineasta, tinha feito carreira como diretor de teatro e de filmes publicitários, e já havia dirigido no próprio *Fantástico* a série "Retrato Falado", um quadro de sucesso protagonizado por sua mulher, Denise Fraga. Pegamos algumas vezes o avião juntos de volta a São Paulo e o papo foi sempre bom.

Guel Arraes, responsável por sucessos como "Armação Ilimitada", "A Comédia da Vida Privada" e "O Auto da Compadecida", era um dos mais influentes diretores artísticos da TV Globo, e uma espécie de interlocutor do *Fantástico* no Projac — abreviatura de "Projeto Jacarepaguá", o centro de produção de conteúdo de entretenimento da TV Globo, inaugurado em 1995 no extremo oeste do Rio.

Villaça chegava como um consultor enviado por Guel, com a missão de repaginar alguns aspectos televisivos do *Fantástico*. Ele refez, com seu time, o cenário do programa, com linhas mais simples e cores mais claras — um cenário mais enxuto e contemporâneo, que foi utilizado até o final de 2011. Ajudou também a repensar o estilo de apresentação, com os apresentadores mais soltos, mudando de lugar e até mesmo caminhando pelo estúdio, em planos de corpo inteiro, enquanto liam as chamadas para as reportagens — na época Pedro Bial e Glória Maria eram a dupla oficial, e Zeca Camargo e Renata Ceribelli os apresentadores substitutos. Villaça sugeriu também uma nova trilha para o programa — uma versão mais contemporânea e suingada da tradicional música de encerramento.

A mulher do meu chefe tinha grande apreço por inovações formais que emprestassem um ar de modernidade ao programa. Ela abraçou as propostas de Villaça com entusiasmo. Lembro dela chamando algumas pessoas que estavam por perto, inclusive a mim, para a primeira audição da nova trilha. Infelizmente, para a tristeza de todos nós, a trilha acabou gongada, porque a nova proposta alterava muito a versão tradicional. Era preciso mudar as coisas — mas sem mexer muito com elas.

Villaça acabou encerrando precocemente sua colaboração no *Fantástico*. Gostaria de ter tido a chance de aprender mais com ele sobre televisão — cenários, luz, enquadramento, trilha, figurinos, movimentos de câmera, paletas e temperaturas de cor. Em TV, a embalagem do conteúdo é tão importante quanto o recheio.

Alguns meses mais tarde, outro enviado da CGP começaria conosco — Cláudio Paiva. Fundador do jornal *O Planeta Diário*, que depois desembocaria no *Casseta & Planeta*, roteirista do

TV Pirata, ele era um dos humoristas mais bem-sucedidos da TV Globo. Tomei a iniciativa de apresentá-lo à Redação e o fiz dizendo que aquele era "o" Cláudio Paiva. Ele vinha, também a pedido de Guel Arraes, para cuidar do humor no *Fantástico*. E, mais do que isso, tinha a missão de ser uma espécie de editor das produções artísticas, do material que era gerado no Projac para o programa e que costumava chegar para nós já finalizado, muitas vezes com o tempo estourado — e sem muita chance de arguição.

Cláudio sempre dava boas sugestões para o programa — até mesmo em conteúdos de cunho mais jornalístico, que escapavam à sua jurisdição imediata. Simpático, econômico nas palavras e hábil o suficiente para não ameaçar ninguém com sua presença, Cláudio acabou achando rapidamente seu lugar no programa.

Villaça ainda estava por lá quando Pedro Bial voltou a apresentar o *Fantástico*, depois de conduzir a sétima temporada do *Big Brother Brasil*, veiculada no início daquele ano. No novo cenário proposto por Villaça, havia umas palavras impressas nas paredes, que entravam como elementos gráficos de fundo no programa. Entre Bial e meu chefe surgiu a ideia de que aqueles textos não fossem aleatórios.

Eles escolheram pinçar algumas frases de um clássico discurso de Edward Murrow na Convenção da Radio Television News Digital Association (RTNDA), em 1958. Murrow foi um dos pioneiros do telejornalismo nos Estados Unidos. Seu texto, escrito meio século antes, exortava a televisão a encontrar para si uma função relevante como produtora de conteúdo e a não se deixar transformar em apenas mais um eletrodoméstico na sala de estar das pessoas.

Na sala de reuniões do *Fantástico*, circundado por meu chefe, Villaça e Petry, Bial ia editando de improviso alguns trechos do discurso de Murrow. Bial era considerado um profissional de televisão completo — com talento para o vídeo, a reportagem, a locução, a apresentação e também o texto. Foi uma das poucas vezes em que testemunhei o ar da Redação ser tomado por um sentimento bom de confiança e entusiasmo.

Os trechos selecionados vinham de sentenças como: "Como vai a batalha pela qualidade, pela verdade, por programas dignos do que há de melhor entre nós?". Questionamentos sem os quais, segundo Murrow, seria impossível evitar que a televisão se transformasse num "mero caixote cheio de fios e luzes". As frases seriam apresentadas aos telespectadores, com as devidas explicações, no programa em que o *Fantástico* estrearia o novo cenário.

Essa ideia também foi gongada. O cenário estreou com palavras avulsas e neutras. E como aquelas palavras não significavam muita coisa além do seu sentido imediato, não houve necessidade de explicar nada a ninguém.

Bial apresentou o *Fantástico* até o final de 2007, quando saiu para conduzir a oitava edição do *Big Brother* — e para não mais voltar. Nesse período, ele chegou a conduzir no *Fantástico*, junto com o escritor Eduardo Bueno, o Peninha, a série "É Muita História", que apresentou ao longo de vários domingos, a partir da obra literária de Peninha, curiosidades sobre a História do Brasil.

Bial estava deixando de ser um jornalista do primeiro time para virar uma estrela artística da casa. Seu processo de transformação, de um Elfo em um Deus, o mantinha à distância do dia a dia e das questões do *Fantástico*. Bial estrearia no comando de uma atração semanal própria, o *Na Moral*, em julho de 2012. O programa de debates, com três convidados e uma plateia, teve três temporadas, saindo do ar em 2014. Em 2016, Bial se despediu no *BBB*. Em 2 de maio de 2017, estreou à frente do talk show diário *Conversa com Bial*, em substituição ao *Programa do Jô*.

Sugeri a meu chefe que Bial se vestisse na apresentação do *Fantástico* de modo mais casual, como costumava vir à Redação. Bial tinha uma elegância informal, carioca, que lhe caía muito melhor do que os blazers que lhe reservávamos no programa. À frente do *BBB*, Bial já havia usado até uma sandália de couro estilosa, que compunha muito bem com a sua aura de simpatia e descontração. Então soube que só há pouco o programa tinha conseguido abolir a gravata dos apresentadores. Compreendi que os blazers eram uma evolução e não um atraso.

Com a saída de Bial do programa, Zeca Camargo assumiu a posição de primeiro apresentador, em janeiro de 2008. Zeca seria secundado por Tadeu Schmidt, que vinha de Esportes. Tadeu assumiria como apresentador oficial do programa em outubro de 2013, com a saída de Zeca para o *Vídeo Show*. Tadeu faria dupla com Renata Vasconcellos, que vinha do *Bom Dia Brasil*, em substituição a Renata Ceribelli, que estava no posto de primeira apresentadora do programa desde a saída de Patrícia Poeta para o *Jornal Nacional*, em dezembro de 2011. Em novembro de 2014, Renata Vasconcellos substituiu Patrícia no *JN* — e foi substituída no *Fantástico* por Poliana Abritta.

Glória Maria saiu do *Fantástico* no apagar das luzes de 2007, depois de uma década como apresentadora do programa, sendo substituída por Patrícia Poeta. Glória era uma das repórteres mais emblemáticas da TV Globo, tendo passado, desde os anos 70, por vários programas jornalísticos da casa com sua linha de reportagens empíricas, impressionistas — que nos últimos anos giravam em torno de viagens e lugares exóticos, além de entrevistas com celebridades.

A principal marca de Glória sempre foi se colocar no patamar do telespectador, reproduzindo na tela, de modo autêntico, o jeito de pensar e de sentir de quem está em casa — e se conectando assim com o coração da audiência. O jornalismo de Glória era intuitivo, epidérmico, feito com a naturalidade do improviso. Foi assim, apostando na simpatia e estabelecendo um vínculo afetivo e de cumplicidade com o telespectador, que Glória construiu uma carreira vitoriosa e se transformou, ao longo de décadas, num dos ícones da emissora.

Com seu estilo, Glória havia encontrado, *avant la lettre*, um atalho entre o jornalismo e o entretenimento. Suas reportagens sempre foram uma espécie de quadro. Ela se colocava nas situações que ia apurar, para vivê-las na primeira pessoa, muitas vezes passando, em maior ou menor medida, por alguns sustos. Ou seja: o material de Glória tinha um ingrediente de show. Glória inventou, de certa forma, e a seu modo, a repórter-personagem. E a reportagem-espetáculo.

Não menos importante na história de Glória é o fato de ela ter sido uma das primeiras mulheres negras a virar uma estrela nacional — não só no jornalismo e na TV Globo, mas na televisão brasileira em geral. Glória funcionou como aspiração para milhares de pessoas numa época em que a vida e o mercado de trabalho eram particularmente duros para as mulheres e para os negros no Brasil.

Glória não surgiu como uma reserva étnica da empresa — ela ascendeu muito antes de se falar em cotas raciais como obrigação corporativa. O que torna a sua jornada duplamente vitoriosa. É louvável que Glória tenha chegado onde chegou, numa sociedade machocêntrica e racista como a nossa. (Há quem afirme que não somos assim.) Graças ao seu talento e ao seu esforço, Glória deixou de ser uma improbabilidade — para dar muito certo.

Graças também à TV Globo. Mesmo que Glória tenha surgido como exceção e não como regra, e mais por uma fissura no paradigma do que por uma alteração dele, a emissora permitiu que Glória desabrochasse e se tornasse grande, uma figura histórica na televisão brasileira. Poderia não ter sido desse jeito. O normal, em nosso país, é que não tivesse sido. Por ter aberto esse espaço, ou por não tê-lo fechado, a TV Globo merece elogio.

Considerava, em silêncio, que Glória poderia ter sido a Oprah Winfrey brasileira. Costumava imaginá-la como *hostess* num programa de entrevistas e de reportagens especiais, com a sua cara, mostrando lugares, comidas, gente, curiosidades, amenidades, com seu charme e sua espontaneidade. Um programa de entretenimento, em que seu estilo brasileiro, carioca, prático, simples e franco faria o maior sentido. E ao qual seus anos de jornalismo emprestariam uma densidade que faz falta à maioria dos programas de variedades apresentados por artistas — que dificilmente conseguem dar peso ao conteúdo quando estão na posição de entrevistar alguém ou de conduzir uma matéria.

Glória sempre foi bacana comigo. Em seguida, estaríamos os dois fora dali. Ela, para um período sabático. Eu, para um exercício de reconstrução.

15

Numa noite de domingo, encontrei com Peninha no *switcher*. Estávamos colocando no ar um dos primeiros programas da série "É Muita História", que ele apresentava com Pedro Bial. Peninha, ou Eduardo Bueno, jornalista e escritor *best-seller*, inaugurou no mercado editorial brasileiro o nicho de livros de História narrados em linguagem jornalística, apresentando os fatos e eventos de modo literário e pop — ao contrário da tradicional abordagem acadêmica ou vestibularesca que durante décadas fez milhares de pessoas no país acreditarem, equivocadamente, que conhecer o passado é um negócio chato.

Na série, Peninha interpretava personagens históricos, enquanto ia revelando aspectos inusitados da História do Brasil. Naquela noite, ele estava vestido com o fino da moda do século XVII — calçolas, gibão, pelote e borzeguins. (Provavelmente tinha acabado de gravar alguma chamada para a série.)

Peninha e eu havíamos tido um par de encontros na Abril, alguns anos antes, quando criei por lá uma revista chamada *Aventuras na História*, no âmbito da *Superinteressante*. Algumas das capas que mais vendiam na *Super* traziam temas históricos. Isso chamou a nossa atenção para o fato de que talvez houvesse espaço no mercado para uma revista que captasse aquele novo interesse do leitorado brasileiro. Peninha chegou a escrever alguns artigos para a nova revista.

Naquela noite, não consegui cumprimentá-lo direito. Desviei os olhos ao cruzar por ele. Balbuciei um "olá" tíbio, como se nunca tivéssemos nos visto. Ou como se preferisse que ele não me reconhecesse. Tinha vergonha da minha condição ali, deslocado dentro daquele estúdio. Acho que ele percebeu meu desconforto. Passamos um pelo outro quase sem dizer palavra.

O olhar não mente. Ou mente muito mal. A felicidade ou a ansiedade, a tranquilidade ou a agonia de um sujeito estão sempre na sua cara, como numa vitrine de criptografias de fácil compreensão. A linguagem corporal entrega tudo.

Você fica escolhendo as palavras, tentando omitir as reações, mas sua postura e seus gestos são inconfidentes natos. Eles dizem se você está confortável ou encolhido, se está no volante ou apenas tentando não ser jogado para fora do veículo.

De um lado, estamos sempre expostos a quem saiba ler esses sinais. Poucas coisas são tão eloquentes quanto aquilo que tentamos esconder. De outro lado, precisamos aprender a ler os sinais alheios. Nem tudo é dito com palavras. É provável até que as coisas essenciais, as mais relevantes, ou aquelas que vêm à tona primeiro, sejam precisamente as que não passam pela fala.

A voz também contém elementos invisíveis que estabelecem a força ou a fraqueza de um sujeito em um determinado momento da sua vida: semitonadas ou impostações tonitruantes, timbres tísicos e falas apressadas, milissegundos de hesitação ou de precipitação. Tudo isso entrega o nível de autoconfiança ou de insegurança de quem está falando.

Trata-se de um poderosíssimo arcabouço de expressões não articuladas, mas muito significativas, que carregamos conosco. Você não precisará falar nada — e será compreendido do mesmo jeito. Seu interlocutor não precisará racionalizar a informação e os sinais que receber de você para lhe decifrar completamente.

No programa, os problemas de audiência não nos davam trégua. Os números do Ibope, que íamos acompanhando minuto a minuto, enquanto colocávamos o programa no ar, não eram bons. No dia seguinte, a audiência chegava para nós consolidada numa média oficial do programa. Os índices viravam uma notícia que reverberava no início da semana em alguns jornais, nas colunas que cobriam televisão. O que gerava ondas adicionais de pressão sobre todos.

Talvez importância demais fosse dada a um par de colunistas que adorava alardear o declínio da audiência do *Fantástico*, como se houvesse nisso um furo de reportagem inédito e espetacular toda semana — essa tendência de queda já perdurava três ou quatro anos. Claro que um programa importante como o *Fantástico* sempre rendia notícia — mas havia nessa cobertura boa dose de pirraça diante do líder.

Aquela exposição negativa incomodava. A repercussão de notícias entre jornalistas é um fenômeno curioso. Às vezes não precisa que muita gente seja impactada — basta que as pessoas certas, às vezes só uma dúzia de colegas e chefes, o sejam e comentem entre si para que a crise se instale. E aí, com frequência, o cenário adquire proporções bem maiores do que aquilo que está de fato impresso na realidade.

Momentos de crise são também momentos de caça às bruxas. Em que é preciso demonstrar reação, não ser visto parado. Corria o segundo semestre quando fomos comunicados que uma consultoria havia sido contratada para rever os processos editoriais do *Fantástico*. Para investigar o modo como estávamos trabalhando e para auscultar o clima na Redação.

Eu tinha tido boas experiências com consultorias em duas empresas onde havia trabalhado. Tinha saído fortalecido dos diagnósticos dos consultores. Primeiro, porque não havia resistido ao trabalho deles. (Afinal, eles estavam ali para ajudar todo mundo a trabalhar melhor, certo?) Em segundo lugar, porque sempre tive apreço por gestão, pela busca de eficiência e de racionalidade no jeito de trabalhar — coisas com as quais nem todo jornalista costuma se preocupar, mas que estão no centro do raciocínio de um consultor. Aquela, portanto, era uma oportunidade para que boas mudanças acontecessem. Era assim que eu via.

Em seguida fomos apresentados a um time de três consultores. Uma psicóloga, um ex-executivo, que se apresentou como consultor e sócio de uma pizzaria (inclusive nos convidando a visitar seu estabelecimento e a provar uma de suas redondas), e uma moça que parecia ser a assistente dos dois. A empresa era da psicóloga — e o *pizzaiolo* tinha sido chamado por ela especificamente para aquele trabalho. Eles tiveram algumas conversas com a cúpula do programa e em seguida marcaram um workshop com o time todo num hotel.

Fui pouco envolvido na concepção do evento e no próprio trabalho da consultoria — que não foi intensivo. Não houve um mapeamento dos fluxos e dos processos de trabalho, nem cruzamento das descrições dos cargos versus o modo como as pessoas trabalhavam de fato — ferramentas clássicas das consultorias de gestão. Eles pareciam mais focados em capturar o clima, analisando de forma mais subjetiva as relações interpessoais que marcavam o ambiente.

No dia do workshop, no hotel, cheguei sem saber exatamente qual seria a agenda do evento. A equipe de São Paulo veio em peso ao Rio e aquele se tornou um momento raro, com praticamente todos os profissionais do *Fantástico* reunidos num mesmo lugar. Diante daquelas mais de 50 pessoas, meu chefe foi chamado a abrir os trabalhos pelo consultor.

Ele disse duas ou três frases e, de supetão, me chamou ao palco e me passou a palavra. Pumba. Não tínhamos combinado nada. Eu estava ali como um participante, e não, infelizmente, como um dos organizadores. Me senti como um repórter sendo chamado ao vivo para conduzir uma matéria para a qual ele não havia sido pautado.

Era o momento de eu ser safo, de estar inspirado, de achar uma tirada qualquer, naqueles segundos que tive para pensar no caminho da minha cadeira, no fundo da sala, até o proscênio. Era o momento de ser, talvez, irônico com a situação em que me encontrava. E de devolver com ginga e bom humor aquela batata quente.

Subi ao palco acuado, sem saber o que dizer. Balbuciei sem muita segurança algumas palavras protocolares. Alguns colegas olhavam para baixo, aparentando constrangimento.

Como minha capacidade de reação criativa simplesmente não funcionou naquele momento, repassei rapidamente a palavra a Zeca Camargo, que estava sentado na primeira fila, bem à minha frente.

Zeca subiu ao palco, tão surpreso quanto eu. Só que mais à vontade diante de todos e com mais competência para o improviso. Falou o mínimo possível e devolveu logo a palavra aos consultores. Não sei se meu chefe me puxou à cena como quem se agarra a uma tábua de salvação — mas foi o que fiz com Zeca.

O dia começava comigo posando diante da equipe como um inepto. Em seguida, os consultores organizaram dois grupos para discutir livremente o programa. Cada grupo foi encaminhado a uma sala específica. Fiquei no grupo conduzido pela psicóloga e pela assistente. Meu chefe, sua mulher e Zeca acompanharam o outro grupo. Álvaro não estava presente.

O exercício proposto era conversarmos sobre o trabalho e sobre as relações que todos estávamos construindo ali dentro.

Uma espécie de acareação entre as chefias e a base da Redação. Ao menos essa era a proposta oficial. De todo modo, um momento delicado, em que talvez fosse aconselhável navegar com cuidado, de modo estratégico. Mas era também a chance de eu me posicionar — de verdade. Gostava da ideia de encararmos juntos os problemas, de falarmos abertamente sobre eles, e assim encaminharmos soluções a partir de um consenso — esse era o meu hábitat. (O terreno da ingenuidade, como se vê.) Então resolvi expressar o que pensava. Nem que fosse só daquela vez. Uma mudança de tática brusca. Do tipo que embute um risco enorme. Troquei os meses de silêncio e passividade por aqueles minutos de total transparência.

À medida que as questões iam surgindo, eu ia me colocando de maneira franca. Não me escudei na condição de chefe que está apenas acompanhando a discussão do grupo. Ou que está ali para defender a visão hegemônica da empresa. Rasguei a etiqueta logo de início e não me desgrudei da sinceridade em nenhum momento. Com isso, alguns no grupo se sentiram à vontade para falar também. Em outros, o efeito foi contrário — se encaramujaram ao ver o tanto de linha que eu estava dando em minha pipa. Eu caminhava sobre um fio de navalha para lá de cortante. Eu sabia disso. E mantive o passo.

Certa vez, em conversa com Roberto Marinho, Evandro Carlos de Andrade, ainda como diretor do jornal *O Globo*, teria se definido como um "papista". Ou seja: como alguém que não discute ordens superiores, apenas se ocupa de cumpri-las. Em contraste com aquele *modus operandi*, a maneira como me entreguei àquele exercício de abrirmos gavetas e armários, e de olharmos de verdade nos olhos uns dos outros, ganha ares absolutamente suicidas.

Aquilo funcionou para mim como uma espécie de catarse. Em questão de horas, fui da invisibilidade à ultraexposição.

Terminei o workshop praticamente aplaudido por pelo menos metade do time que estava na sala comigo. Outros pareciam aturdidos, como se estivessem me conhecendo pela primeira vez e não soubessem muito bem como se posicionar diante daquilo. Outros ainda pareciam incomodados por eu ter colocado tantas roupas íntimas para quarar sob o sol. E talvez houvesse também alguns que apenas sorriam com os olhos, prelibando as consequências de eu ter enrolado tanta corda em volta do próprio pescoço.

Eu ganhava ali, pela primeira vez, talvez pela única vez, talvez pela última vez, o respeito do time. Ou de parte dele. E ao meu estilo: levantando os tapetes. Um estilo do qual eu havia me apartado por um tempo longo demais. É provável que meu destino tenha sido selado em definitivo naquele dia nublado e mormacento no Rio. O que fiz — aquele desabafo, aquele resgate de mim mesmo, aquela pequena grande insurgência diante do que me indicavam todas as placas do caminho — tem um nome: sincericídio. Não importa. Valeu a pena. Nem que seja apenas pelo elogio que recebi, naquele dia mesmo, ao pé do ouvido, de uma colega que adorava me derrubar nas reuniões de pauta.

Depois de muito tempo me afastando de mim mesmo, a ponto de perder potência e viço pelo caminho, em nome de tentar ser alguém que imaginava que queriam que eu fosse, poder voltar a ser eu mesmo, e me reencontrar comigo, tinha um gosto bom. Ser quem você é, se assumir, tem um preço. Mas esse preço, acredite, nunca será caro demais.

Talvez a presença daqueles consultores entre nós não significasse exatamente o que queria parecer à primeira vista. E talvez a minha inocência em dar uma resposta honesta àquele exercício também não tenha sido tão inocente assim. É bem possível que houvesse um recado meu embutido naquele gesto de morder a isca.

Lidar com a verdade é um exercício duro. De modo geral, ninguém aprecia ter que olhar o outro nos olhos e dizer o que pensa — e ter que ouvir do outro, em contrapartida, o que ele está pensando. A maioria de nós prefere a falsa harmonia, a concórdia mal resolvida, do que trazer as diferenças para a luz do dia.

Na ponta oposta, há a compulsão pela verdade, que pode ser um vício tão danoso quanto o apego pelas zonas cinzentas. Quem opera nessa frequência não guarda nada nos bolsos, joga sempre tudo em cima da mesa, sem se importar muito com o modo como suas declarações serão absorvidas pelos demais. Com frequência, isso afasta as pessoas. Ou vira munição letal em mãos adversárias.

E a adaptação a um lugar novo é uma arte. Especialmente em ambientes herméticos, com grupos autóctones. É preciso saber chegar, conquistar as pessoas, se colocar, se tornar querido. Seja como aquele cara inatacável, pela autoridade que carrega. Seja como aquele cara simpático, que é legal demais para virar alvo. Seja como aquele cara que mostra os punhos e os dentes, com quem ninguém se arrisca a bulir.

A chegada num ambiente de trabalho novo é também um exercício de sedução. Trata-se de uma conquista. O objetivo de quem chega é ser aceito. Deixar de ser visto como alguém de fora para que o vejam, tão logo quanto possível, como um integrante do grupo. Para tanto, é preciso se desenvolver nas técnicas de causar uma boa primeira impressão — ou de reverter rapidamente uma má impressão causada. É preciso aprender a se divertir tentando transformar desafetos em amigos, e desconfiança em inclusão. É preciso mostrar firmeza na passada — sem esquecer de que se está pisando em ovos. É preciso ser simpático e macio — sem deixar de se impor e de demonstrar força nos momentos certos.

Quem chega não pode arranhar nem causar fricção — mas também não pode aceitar que lhe trancafiem do lado de fora. É preciso ser agradável e saber operar nos bordados dos relacionamentos — sem parecer frívolo ou vazio. É preciso fazer a corte e tomar a iniciativa — sem se deixar eternizar na posição de quem corre atrás. É preciso exercer o poder com sutileza — usando da mesma habilidade para não se deixar manipular por ninguém.

Ao lado disso tudo, no entanto, é preciso entender o verdadeiro custo do ingresso ao ambiente em que você está lutando para entrar. Essa é uma conta fundamental que geralmente não fazemos. Há lugares que exigirão o sequestro da sua alma, a supressão do seu espírito. Para caber, você precisará abraçar a inação, e assistir à sua própria despotencialização — como profissional e como pessoa.

No começo, você ainda pensa e enxerga — mas deixa de falar e de fazer, de modo a se adequar à regra instalada. Em seguida, nesse exercício de realizar menos do que poderia, e de produzir abaixo do seu potencial, para não ser o prego que fica com a cabeça acima dos outros (para não ser, portanto, o prego que toma as marteladas), você abdica de pensar e de enxergar — para se deixar levar, para se deixar moldar, para reproduzir o que está posto. É quando você vira um morto-vivo.

A alternativa — fácil de dizer e difícil de fazer — é você avaliar o custo que lhe está sendo imposto, a real distância que lhe separa daquele ambiente, e, eventualmente, tomar a decisão de recusar a entrada ali, em nome da preservação da sua capacidade criativa e realizadora, e, não raro, do seu respeito próprio e da sua sanidade mental.

Também não se pode ignorar, ao chegar num lugar novo, as relações familiares que estão enraizadas ali. Os afetos (e os desafetos), as alianças, os cismas, as disputas. É preciso enxergar o desenho da matilha. Compreender que somos seres gregários que se organizam em clãs, por proteção, pela defesa de interesses mútuos, para aumentar nossas chances de sobrevivência.

No escritório moderno, tanto quanto nas cavernas primitivas, somos indivíduos em busca da aceitação do bando. É preciso entender como as redes de poder estão montadas, como elas se conectam entre si e qual é o equilíbrio que nasce dessa trama de negociações em curso. Ou você compreende a engrenagem que está estabelecida no ambiente, e age condizentemente, ou você vai durar dez minutos. Foi isso, em boa medida, o que me aconteceu.

16

Um dos últimos e-mails que enviei à direção de Jornalismo, mais ou menos pelo meio do ano, continha uma visão editorial para o *Fantástico*. Foi o único *bypass* que impus a meu chefe. Gostaria de poder dizer que enviei essa mensagem ao meu chefe, com a direção de Jornalismo apenas em cópia. Mas infelizmente não foi o que aconteceu. (*Bypass* é o nome que se dá, no mundo corporativo, quando A vai resolver suas questões diretamente com C, passando ao largo do B que está posicionado entre ambos.)

Minha proposta aludia a um programa mais jovem, mais pop e mais feminino. Eu defendia um conteúdo mais leve, divertido e ensolarado. Um programa baseado em curiosidades, em coisas realmente fantásticas, que resgatassem o conceito original do "Show da Vida" e que rendessem conversas na segunda-feira entre os telespectadores. Sugeria também um programa com mais serviço, que buscasse ser útil e relevante à vida diária do sujeito.

Minhas tentativas de penetrar naquele paredão de rocha apresentavam seu efeito colateral: a perda da autoestima. É difícil se enxergar nos olhos de todos ao redor como algo que você não é e continuar acreditando que você *não* é aquilo. Ninguém sobrevive por muito tempo se vendo e sendo visto como intruso ou como incompetente. Uma hora você começa a acreditar que as afrontas que sofre talvez tenham um lastro na realidade. E que o desaforo pode, enfim, ter sua razão de ser.

Perto de completar um ano no Rio, eu experimentava uma sensação de impotência como nunca havia sentido antes. A ponto de deixar de completar as frases, por falta de confiança em mim mesmo. E de passar a emitir sentenças pela metade, mal construídas, sem consistência. Se a afasia pode ser entendida como um sentimento de insegurança na hora de dizer alguma coisa, ou como a sensação de absoluta ausência de autoridade para emitir uma opinião, então estive muito próximo dela.

Quando você está ocupado demais com missões diplomáticas aos territórios onde deseja ser aceito, não raro você fecha o acesso para que os outros venham lhe conhecer no seu próprio quintal. Quando você puxa toda a responsabilidade da relação para si, você desobriga o outro de também contribuir para a construção dessa relação. Quando você se põe interessado e acessível demais, isso pode ser lido como um sinal de que você está desesperado, ou de que não está se dando ao respeito — o que costuma afastar as pessoas certas e atrair as erradas.

A perda da autoestima só piora com o tempo. Trata-se de um círculo vicioso: quanto menos segurança você sente, mais medíocre fica o seu desempenho. O que faz com que você fique ainda mais inseguro. O sujeito passa a ignorar toda a sua trajetória anterior, todas as suas conquistas prévias — passa a duvidar de si mesmo.

Os americanos têm uma boa expressão para usar em situações assim — *Don't let them get into your head* (algo como "não deixe que eles entrem na sua cabeça"). A hostilidade sempre vai existir no mundo, em maior ou menor medida. E você nem sempre conseguirá reagir a ela da melhor maneira. Tombos e rixas são inevitáveis. O que não pode acontecer é você perder a confiança em si mesmo e passar a se enxergar a partir da imagem que seus adversários querem construir em torno de você. Se você o permitir, eles terão sequestrado a sua força — com a sua aquiescência. É preciso aprender a defender a sua integridade, o seu amor-próprio. Será sempre preferível explodir, em vez de implodir. Estourar para fora, e não para dentro.

Ainda no primeiro semestre de 2007 demos no *Fantástico* uma notinha sobre o discurso de um senador da República, no Congresso Nacional, em Brasília, contra uma empresa chamada Arkhos Biotech, que havia proposto a compra da Amazônia para que a floresta e seu ecossistema passassem a ser cuidados pela iniciativa privada e não mais pelos países da região. Segundo a empresa, o Brasil e seus vizinhos já haviam dado mostras suficientes de que não tinham condições de fazê-lo. "A Amazônia não pertence a nenhum país. Ela pertence ao mundo", dizia o diretor de marketing da Arkhos Biotech num vídeo que viralizara na internet.

Eu conhecia bem a Arkhos Biotech e seus fundadores. De fato, eu era um deles. É que a Arkhos Biotech nunca existiu de verdade — ela era parte de um jogo, de um ARG (*Alternate Reality Game*, algo como "Jogo de Realidade Alternativa"), que havíamos criado no Núcleo Jovem da Editora Abril no ano anterior. Era o primeiro ARG comercial de grande escala realizado no Brasil, um projeto que meu time havia gestado e que havíamos vendido para uma marca de refrigerante.

Eu me deliciava com a notícia de que aquele projeto tão disruptivo, e de execução tão complexa, tivesse ido tão longe. Mas não revelei a minha coautoria a nenhum dos meus colegas de *Fantástico*, que também se divertiam com aquele raro momento em que uma ficção bem produzida interferia de modo indelével na realidade. Angariar alguma admiração por causa daquilo não iria mudar nada em minha condição ali dentro. Esse era o sentimento de contrição e de desânimo que tomava conta de mim.

A introspecção é também uma forma de egocentrismo, na medida em que o sujeito tranca a sua porta por dentro, se esconde num altar íntimo, fora do alcance dos outros, e ali se dedica a acalentar a si mesmo, e a lamber as próprias feridas. É preferível um tipo de egocentrismo com viés externo. Melhor ser um pouco arrogante do que ser modesto demais. É mais saudável estar no mundo com as pessoas, e ter de se restringir de vez em quando, diante delas, para não feri-las, do que viver trancafiado dentro de si, alijado do jogo real, contemplando tudo com um silêncio ofendido — o que significa ficar ferindo a si mesmo. Só tem uma coisa pior do que desistir da briga — é permanecer no ringue depois de ter desistido dela. Quando você decidir entregar os pontos, caia fora. Não há sentido em ficar e assistir a tudo em volta desmoronar.

Isso tudo me faz pensar que não fiquei pouco tempo no Rio — 13 meses. Fiquei tempo demais. Devia ter saído antes. Passei um bocado do limite da dignidade, daquilo que seria aceitável. Eis a lição: não é minha obrigação reverter a hostilidade de lugares hostis. Nem sempre é inteligente resistir. Nem sempre desistir implica derrota.

Há situações em que realizar o prejuízo logo é a coisa menos custosa a fazer — continuar investindo custa muito mais, e pode levar à bancarrota física e, principalmente, emocional. Às vezes, a paciência é uma virtude. E ir adiante é um gesto de coragem. Às vezes, no entanto, deixar o barco correr é a maior das irresponsabilidades.

Eu estava virando um cara triste. Chegava todo dia em casa esgotado. Morava na cidade do alto-astral e da alma leve — no entanto, tinha perdido a capacidade de sorrir, vivia angustiado.

O sonho de trabalhar em televisão e de morar no Rio começava a desmoronar. Mesmo assim, eu ainda via tudo aquilo como um quadro reversível, como uma fase de adaptação dura e longa que podia ser superada. Eu não tinha mexido tanto com a rotina da minha família para desistir no primeiro vendaval. Ou em qualquer outro. Então fui aguentando no osso. Eu não admitia que não pudesse reverter aquela situação. Tudo daria certo. Com tempo e paciência, tudo daria certo.

Anos depois, ainda me pegava, de vez em quando, repassando internamente meus momentos menos brilhantes no *Fantástico*. Eu me distraía e minha memória chafurdava naquelas passagens em que me vi mais exposto. Quando me dava conta, estava comentando mentalmente aquelas situações com insultos silenciosos que não eram dirigidos aos *outros* personagens daquelas lembranças — mas a *mim* mesmo. Eu era o alvo da minha própria vociferação íntima diante daquelas recordações azedas.

Na vida e na carreira, é preciso aprender a lidar com o poder. Quando o chefe lhe confronta, como você se porta? Você aperta o botão da reverência e corre o risco de parecer melífluo? Ou marca posição e corre o risco de parecer insubordinado? O equilíbrio entre as duas coisas é uma das mais finas artes executivas.

Trata-se de aprender a ser firme sem ser petulante, de ter opinião sem parecer insolente, de dizer o que pensa sem soar desaforado, de acatar ordens sem parecer um daqueles sujeitos que só dizem sim. Trata-se de aprender a desempenhar vários papéis na vida corporativa — diante do chefe, com o chefe do chefe, à frente dos pares, dos subordinados, dos subordinados dos subordinados — sem nunca deixar de ser um só: você mesmo.

Guardo comigo alguns bons momentos com meu chefe. Primeiro, quando editava o programete "Fantástico — 30 Anos Atrás", e a imagem de um galã da casa que eu havia selecionado — novinho, magérrimo, em início de carreira, apresentando o programa de smoking, com uma enorme gravata borboleta, ao melhor estilo anos 70 —, acompanhada de um texto divertido que eu havia escrito, fizeram meu chefe dar uma bela risada. Que bacana, meu material funcionara com um cara que já tinha feito e visto quase tudo em televisão.

Por aqueles dias, logo no início de nossa convivência, meu chefe abriu um armário em sua sala, tirou de lá uma fita, me chamou para a ilha de edição e me mostrou o que considerava ser uma das maiores performances de um artista em televisão: Elis cantando "Como Nossos Pais", no *Fantástico*, em agosto de 1976. Os olhos de Elis brilhavam intensamente, como se em transe, numa performance visceral. Meu chefe guardava aquela gravação como uma relíquia. Como um garoto que guarda suas paixões, escondidas do mundo, numa caixa de sapatos. E dividia aquilo comigo.

Tempos depois recebi o roteiro de um editor, para aprovar, e o texto continha uma sacada ótima. Era uma matéria sobre um brasileiro que tinha sido impedido de entrar em um determinado lugar porque não tinha o que calçar. Eu puxei a tirada do texto do editor e a transformei na cabeça do VT, que terminava dizendo mais ou menos assim: "... afinal, não é porque ele não tem sapatos que pode ser tratado como um pé de chinelo". Meu chefe estava sentado ao meu lado no *switcher*, acompanhando a gravação das cabeças, quando leu o texto na tela do computador que eu estava usando. E gargalhou longamente, chegando a dar uns murros na mesa. Fiquei muito feliz com aquilo. Mais do que ele talvez tenha podido imaginar.

Eu estava feliz também porque tinha chamado o autor daquela sacada de texto para uma conversa, alguns meses antes. Tinha lhe pedido que soltasse mais o texto, que ousasse mais. Ele era um cara bem mais divertido e bem-humorado pessoalmente do que quando escrevia. Disse que contava com ele para construirmos um programa mais alegre, mais solto, mais leve, mais para cima.

Como resultado daquela conversa, que era uma conclamação e um incentivo, ele pediu uma licença de saúde. Corria na

Redação que estava deprimido, tomando remédios pesados em casa, porque achava que eu iria demiti-lo. Aquele afastamento simbolizava todas as dificuldades que eu teria pela frente. Aquela licença de saúde era, entre outras coisas, uma represália. Um voto de desconfiança. Uma demonstração de poder. Então aquela tirada ter me aparecido pela frente, alguns meses depois, num texto daquele editor — cuja autoria eu deixei clara a meu chefe — me valeu como um troféu.

Mais ou menos por essa época, meu chefe, num meio de tarde, em sua sala, me contou porque considerava esporte o melhor conteúdo possível para a televisão. O esporte tinha drama, tragédia, emoção, êxtase, vitória, fracasso, superação. Esportes eram narrativas épicas construídas com sorrisos, esgares, suores, lágrimas, músculos — que ofereciam ao telespectador um pacote recheado de ação, suspense, movimento e intensidade. Tudo isso protagonizado por corpos perfeitos. Por tudo isso, nada rendia mais numa tela de TV — em beleza, em força, em imagens inesquecíveis, em grande conteúdo — do que o esporte.

Eu ouvia aquilo atento. Meu chefe falava de suas duas grandes paixões — esporte e televisão. E tecia uma bela tese sobre o encontro dessas águas. Outra lição televisiva que eu nunca esqueci.

17

A pergunta central que me fiz por muito tempo é: por que não deu certo?

E: o que eu poderia ter feito para que a história tivesse tido outro desfecho? Como um cara que nunca havia sido demitido acabou sendo mandado embora, em tempo recorde, por uma empresa que quase nunca demitia?

Eu tinha chegado por cima num lugar em que as pessoas costumavam vir de baixo, em que os líderes eram construídos dentro de casa, a partir da base, e não trazidos de fora. E em que quase todo mundo estava montado em uma carreira longa, em que de modo geral se esperava bom tempo para ser promovido.

Eu era um chefe que sabia menos, tecnicamente, do que seus subordinados, num lugar em que o conhecimento técnico era fundamental. O domínio das especificidades do veículo era uma das mais altas e eficientes barreiras de entrada mantidas pelos profissionais de televisão. Havia um dialeto de termos, siglas, comandos, abreviaturas, expressões — podemos chamá-lo de "televisês" — tratado com orgulho de confraria por quem o dominava.

Eu não tinha me ajustado suficientemente às regras do lugar. Nem me submetido a todos os estilos e tradições instalados ali dentro. Fiz algumas recusas, na hora de dançar conforme a música, que não passaram despercebidas. Embora eu tenha desejado muito fazer parte daquela nave, assumi, em alguns momentos, minha condição de estrangeiro ali dentro, e me preservei nessa cabine, marcando minhas diferenças em relação ao modo como algumas coisas aconteciam à minha volta.

Eu não escolhi um par de mãos para beijar, em troca de apoio e proteção. Não entreguei o manche da minha navegação ali dentro ao comando alheio, como prova de submissão e fidelidade. Embora tenha oferecido minha lealdade irrestrita, minha disponibilidade absoluta e meu desejo genuíno de contribuir com o programa.

Sempre detestei a ideia de me tornar um peso. Depender de outra pessoa sempre significou para mim um atestado de incompetência. Mais do que uma inconveniência para mim mesmo, viver pendurado em alguém sempre me pareceu um tremendo incômodo para o outro. Então pedi pouca ajuda. Menos do que eu talvez precisasse.

Sempre gostei de me ver como alguém que entra e sai das estruturas, e dialoga com elas, e colabora com elas, sem perder o distanciamento crítico e a autonomia de raciocínio. Essa espécie de agnosticismo ideológico em relação a empresas e chefes para quem trabalhei é algo de que me orgulho. Mas esse não é um estilo que funcione em todo lugar.

E eu não encontrei a minha turma. Numa corporação, é preciso ter apoio em cima, nos lados e abaixo de você. Não é possível sobreviver sozinho. Se você está sem aliados hoje, as chances de estar sem emprego amanhã são enormes.

Da mesma forma que um negócio, para ir adiante, tem que encontrar o seu lugar na cadeia de valor da indústria em que está inserido, um profissional, para sobreviver, tem que encontrar seu lugar na cadeia de influência da empresa em que atua. Pertença ou pereça — essa é a lei básica de qualquer agremiação primata, seja um bando de gorilas de dorso cinzento nas selvas do Congo, seja um bando de executivos de ternos cinzentos numa sala refrigerada. O profissional que estiver desconectado passa a ser visto como um elo fraco, prestes a se romper, do qual todos querem distância — ou no qual todos vão mirar sua agressividade.

Eu cheguei devagarinho, negociando com todo mundo minha entrada no organismo. Talvez eu tenha, em busca de aceitação, dobrado tanto a própria espinha que, no fim, passei por alguém invertebrado. Talvez eu devesse ter chegado com mais ímpeto. Minha estratégia de pisar de leve no terreno talvez tenha passado uma ideia de hesitação e tibieza.

Talvez eu devesse ter partido para o confronto. Inclusive para ter o assento ejetado antes, se fosse o caso. Teria perdido menos tempo e energia acreditando que poderia reverter tudo aquilo sozinho. Ou que poderia sair intacto de um processo de esvaziamento como aquele. No final, de todo jeito, acabei saindo. E a única coisa que ganhei em ter protelado aquela situação foi uma subtração em minha dignidade.

Fiquei para viver a desventura até o fim. Teimosia é isso: insistir na ideia até a sua completa exaustão. E só se dar por vencido com a morte — nunca por motivo menor que esse.

Não sou um suicida corporativo. Nunca me comportei como um homem-bomba que precisasse ser constantemente administrado, pelos outros e por si mesmo, de modo a não mandar o escritório pelos ares. Ao contrário. A imagem que sempre fiz de mim mesmo é de alguém cuja tendência é evitar o conflito. Então, minha preocupação nunca foi ter um espírito excessivamente bélico, mas sim um espírito demasiado cordato. (Já perdi a esperança de um dia aprender a deixar de ser bombeiro e a me divertir assistindo à fogueira cumprir o seu destino. Eu não sou assim. Paciência.)

Eu não me tornei essencial. E se você não é fundamental, você é descartável. Se você não é decisivo, você é irrelevante. Ocupar uma posição na qual eu não era necessário, e ter de algum modo aceitado conviver com isso, foi o grande golpe silencioso que sofri. Essa, no fundo, foi a armadilha que me venceu — e da qual não consegui me desvencilhar.

Trata-se de uma lei corporativa infalível: quem não é indispensável será dispensado. Ou você participa ativamente dos processos em que está metido, ou o seu beco não tem saída e você está se enganando. Dos lugares em que a gente não faz a diferença — por inação nossa ou por obra dos outros — não resta alternativa senão cair fora.

A irrelevância, a princípio, pode gerar uma sensação confortável. Não ser cobrado produz uma falsa leveza. O imobilismo numa determinada função, o exílio dentro da própria empresa podem soar confortáveis em algum momento. Só que quem não tem responsabilidades também não tem peso. E quem não tem peso não ocupa espaço. E quem não ocupa espaço não tem lugar garantido. Se você não tem uma meta a cumprir, você não faz falta.

Ser essencial, no fim das contas, é descobrir a própria essência. Compreendê-la. Aceitá-la. E dialogar, a partir dela, com a essência do lugar em que você está inserido. É fundamental saber do que você é feito. E conhecer a arquitetura profunda do ambiente ao redor. E estabelecer uma ponte entre o que você sabe fazer e aquilo que há para ser feito ali. Sem essa ligação você fica solto. E quem fica solto está desconectado. E quem está desconectado está fora.

Ou talvez nada do que eu pudesse ter feito ou deixado de fazer fosse mudar aquele resultado.

Há no mercado cadeiras conhecidas como *burn positions* (algo como "posições de queima", ou "cargos feitos para carbonizar quem os ocupa"). Há situações em que o executivo é contratado para ser demitido. Ele entra no tabuleiro corporativo como um bode. Faz o que tem que fazer, cumpre o seu papel por um período, e depois é retirado da sala. (Algumas empresas deixam o executivo saber, quando o contratam, que esse é o jogo. Outras, não.)

E há posições que se subordinam a uma estratégia de encontrar alguém cuja contratação possa representar um sinal, enviado para cima, de que os problemas não estão sendo aceitos passivamente e de que alguma coisa está sendo feita — mesmo quando a intenção é mexer o mínimo possível com a engrenagem que, afinal, rege a vida de todos ali, inclusive dos encarregados de revisá-la.

Nessa perspectiva, usar um executivo de fora como "bucha de canhão" (outra expressão que aprendi no Rio) tem uma conotação dupla: de um lado, o dano colateral, se houver, ceifa um desconhecido e não um membro do clube. De outro lado, o fato de a contratação não dar certo gera a confirmação de que não adianta trazer um "estrangeiro" para resolver problemas internos; as soluções devem ser construídas dentro de casa, usando profissionais endógenos.

Talvez eu fosse só um sapo esperando o tempo mínimo de digestão para ser devidamente regurgitado do organismo.

Aprendi um pouco sobre estoicismo e masoquismo nesse processo. E sobre como esses dois comportamentos coexistem no escritório — e dentro da gente. Eles se parecem, ao implicarem, ambos, resistência ao sofrimento e baixo instinto de autopreservação. Mas não são a mesma coisa.

Enquanto o estoico aguenta o tranco sem se apaixonar pela chibata, procurando vencer a dor pelo cansaço, em busca da conquista de um objetivo externo ao próprio sofrimento, o masoquista gosta de apanhar, aprecia a sevícia, sente prazer no infortúnio, não vive sem seu verdugo.

O estoico não gosta de desconforto, mas sente orgulho da sua capacidade de resistir a ele. O estoico sabe que devia se preservar mais. Que devia deixar de dar tanto a própria cara a tapa. Mas encarar os eventos impostos pelo destino é parte fundamental da sua ascese.

Não existe estoicismo sem complexo de herói — a mania de dar um passo à frente do batalhão e se oferecer para tomar o primeiro tiro. Trata-se de um ideal juvenil, de cavaleiro romântico, para o qual é preferível morrer, por suicídio se for preciso, do que parecer não ter caráter ou fibra.

É insuportável para um portador dessa síndrome ver um trabalho por fazer, ver uma obrigação desatendida, ver alguém insatisfeito. Para o estoico, e para a sua ansiedade realizadora, e para o seu bom-mocismo crônico, o pior cenário é sempre fugir da responsabilidade — mesmo que ela não seja exatamente sua. Para ele, a perspectiva mais indigna é ficar escondido atrás dos companheiros, esperando pela reação dos outros para só depois decidir como agir. Trata-se de um posicionamento nobre — que embute um potencial autodestrutivo enorme.

Outra face do estoicismo é uma ingenuidade tratada a pão de ló. A capacidade de sobrar de pato nas situações por se recusar a ler as entrelinhas. Ou ao ignorar deliberadamente os sinais de perigo — se colocando às vezes na posição de cobaia para testar a lisura do interlocutor. Como um mártir sempre disposto a sucumbir em nome de deixar uma lição de herança ao seu carrasco — como se isso lhe posicionasse, mesmo morto, como alguém melhor do que o sujeito que lhe esfolou.

O estoico apresenta as duas faces para o esbofeteamento e descobre logo em seguida, com um espanto ao qual já não deveria ter direito, que a maioria das pessoas não guarda o menor pudor em descer a mão na ida e também na volta, carimbando bem as duas faces de quem as deixou desguarnecidas. Não é definitivamente porque alguém baixa as armas, em sinal de paz, que os oponentes não vão lhe passar fogo — ao contrário: muitas vezes é exatamente por isso que eles irão fazê-lo.

Não dá para baixar a guarda enquanto você estiver no ringue. O primeiro compromisso de um indivíduo é com a sua própria integridade — coisa que o estoico não entende. Ou não aceita. Deixar de desembainhar a espada é uma coisa. Oferecer o próprio abdômen às estocadas alheias é outra. Não dá para ficar pensando na harmonia do conjunto, e operando apenas pela solução mais eficiente do ponto de vista coletivo, quando todos ao redor só pensam em defender o seu lote com dentadas e arranhões. Caminhar de olhos fechados em meio a renhidas disputas de poder, com um fluxo constante de farpas sendo arremessadas, é certeza de que você será abatido.

Ainda outra face do estoicismo é a ausência de coragem física para a reação imediata. Sim: a valentia que o sujeito tem para aguentar quieto as cargas a que é submetido é uma espécie de compensação pela valentia que muitas vezes lhe falta na hora de aceitar o convite para a briga e agir de modo instantâneo.

O estoico evita o confronto. Sua tendência é sempre tentar aplainar as diferenças, obter um consenso. Primeiro, porque a briga é uma ineficiência do sistema, uma falha na tessitura da inteligência, uma irracionalidade. Mas ele o faz também por medo. O estoico estranha quando alguém esperneia diante de uma situação desfavorável — já que a sua tendência é sempre tentar se ajustar ao malogro. O estoico olha para aquela reação como para um doce que ele espera em algum momento conseguir provar.

Um dia entrei na Redação e um colega urrava ao telefone. Dizia, aos berros, que continuaria berrando até que o outro deixasse de berrar com ele do outro lado da linha. Aquele colega passava uma risca no chão. Deixava claro que aquele era o seu limite, e que dali ninguém passaria. Aquela situação refletia uma regra importante a ser seguida — era preciso ser macho (ou fêmea) alfa, demarcar bem o território e defendê-lo com murros no peito e pelos eriçados, sempre que necessário. Ou você não seria respeitado.

Deixar de se defender quando alguém parte para cima de você é tão insano quanto sair batendo em todo mundo. É preciso administrar bem essa fronteira. Há momentos em que é preciso agir como um chanceler. Noutros, como um lutador. E não é possível se defender de modo apropriado quando sua única estratégia é a esquiva ou a retirada estratégica. Isso não é ser cortês, nem significa instaurar a cordialidade como mote de vida: isso é descaso consigo mesmo.

A intimidação é um recurso bastante utilizado no mundo corporativo. Não há melhor estratégia de competição do que minar a visão que seu adversário tem de si mesmo, fragilizando as suas defesas por dentro. Então é preciso ter um olhar atento ao movimento bélico das cartas que vão sendo colocadas sobre a mesa. E fixar o interlocutor nos olhos, sempre. Quem aceitar o primeiro tapa na cara levará vários outros. Às vezes é preciso mostrar que você também sabe brigar — exatamente para não precisar fazê-lo.

Para sobreviver no escritório é preciso compreender que se defender não é apenas um direito — é uma obrigação. A autopreservação é um valor maior do que a paz. E, para tanto, a agressividade é um tempero que é preciso ter na prateleira. Uma pitada lhe ajudará a expressar seus desagrados, a defender seus pontos de vista, a desempenhar melhor a tarefa de ser você mesmo na carreira e na vida. Sem um pouco de agressividade à mão, você enfraquecerá suas defesas e correrá o risco de permitir, por pudor de parecer violento, que desafetos entrem na sua casa, insultem sua família e chutem seu cachorro.

Não lidar bem com a própria agressividade implica também protagonizar reações mal dosadas, quando ela emerge do subterrâneo. Com frequência, o sujeito pacato, quando sai da casamata, erra a mão a ponto de não se reconhecer na virulência do contra-ataque que empreende. O que faz com que ele fique ainda mais receoso de lançar mão da sua agressividade como defesa — e a enterre ainda mais fundo no fosso dos comportamentos proscritos.

Ao lado do receio de ver a própria integridade mutilada num confronto, há também o medo de machucar o adversário. Trata-se de um exercício de contrição, de quem teme a própria força. Como aquelas pessoas altas que se curvam, a ponto de se tornarem corcundas, para ocuparem menos espaço, para chamarem menos a atenção.

Quem absorve tudo em silêncio pode estar apenas evitando que o interlocutor, e um monte de gente em volta, acabem ouvindo o que não querem. Quem é sempre lhano pode estar apenas controlando, na ponta dos dedos, a sua capacidade de pôr a casa pelos ares.

Essa postura de proteger os outros de você mesmo, e das suas reações, é o cúmulo da atitude controladora. Trata-se de uma ideia magnânima ("pode bater que eu aguento") numa nova versão: "não vou bater de volta porque meu adversário não aguentaria". É quando o controlador se deixa controlar pelos outros.

Para quem não é de briga, e nunca exercitou a própria agressividade, toma tempo aprender a apanhar de olho aberto, encarando o adversário, sem espanto diante da porrada. E a sair de uma posição desvantajosa batendo de volta, sem culpa nem afobação. Toma tempo perder o medo tanto de tomar um golpe duro quanto de golpear com força de volta. E a deixar que a defesa do outro fique por conta dele. Toma tempo romper com aquela pretensão megalômana de administrar unilateralmente os conflitos — você só pode assumir metade da responsabilidade pelos relacionamentos em que está metido.

É preciso coragem para apanhar. E é preciso também coragem para bater. São dois tipos diferentes de valentia. É preciso estar pronto para brigar as brigas que precisam ser empreendidas. (Por vezes, ao tentar se preservar, é quando o sujeito mais se expõe.) E vale sempre lembrar do código dos samurais: só é possível vencer uma batalha se você entrar nela preparado para perder. Só dá para viver de verdade quando você não está tomado pelo medo de morrer.

Epílogo

Janeiro de 2008.

Os programas de Natal e Ano-Novo foram curtos — tiveram pouco mais de uma hora, dando logo lugar à programação especial de Fim de Ano. No último programa do ano, em 30 de dezembro, pela primeira vez fiquei de fato responsável pelo *Fantástico*. Meu chefe e Álvaro estavam de folga. Fechei os VTs, os aprovei, coloquei o programa no ar. E deu tudo certo.

Fiquei muito feliz com aquela autonomia. E com minha própria performance. Era um programa de audiência inevitavelmente baixa, porque iria ao ar no meio de um feriado, quando a maioria dos televisores estaria desligada. Meu chefe tinha deixado muita coisa pronta. E eu estava bem escudado por Luiz Petry, um editor experiente. Mas a sensação de dever cumprido era boa.

Entendi aquela oportunidade como um voto de confiança. Era um jeito bom de fechar o primeiro ano como chefe de redação do *Fantástico*. Aquele último programa talvez pudesse simbolizar uma virada de chave em minha trajetória ali: 2007 e seu duro processo de chegada e adaptação ficavam para trás; um novo ano mais produtivo, com mais encaixe e sincronia, em que eu teria melhores chances de atuar, surgia no horizonte.

Passei aquele réveillon todo de branco, em Copacabana, como bom carioca. Com um filho num braço e um copo plástico cheio de champanhe quente na outra mão. Olhava o espetáculo dos fogos no céu com esperanças renovadas.

Na primeira semana de janeiro, recebi antecipadamente, pelas mãos da secretária da Redação, um belo regalo pelo aniversário que eu comemoraria no final do mês: um *voucher* para uma noite no Copacabana Palace, com direito a um jantar para dois no Cipriani, o principal restaurante do hotel. Um presente da Redação do *Fantástico*.

No ano anterior, eu fora brindado em janeiro, junto com os demais aniversariantes do mês, com bolo e "parabéns a você" na sala de reuniões do programa. Era uma tradição bacana do *Fantástico* — tanto quanto os sanduíches a metro com refrigerante nas tardinhas de sexta, quando começava a fase mais dura do fechamento.

Um ano depois, recebia, em separado, aquele presentão institucional. Cuja conotação viria a ser de despedida. Acabei não ficando para o bolo com "parabéns a você".

Na quarta da semana seguinte, 16 de janeiro, recebi pela manhã, em casa, um telefonema da secretária da direção de Jornalismo me convocando para uma reunião ao meio-dia.

Subi à sala do diretor de Jornalismo sem passar pela Redação. Quando entrei, me deparei com meu chefe sentado lá dentro. Cumprimentei a ambos e me ajeitei na cadeira ao seu lado.

Ouvi do diretor de Jornalismo que eles tinham analisado os problemas do *Fantástico* nos últimos tempos e que tinham chegado à conclusão de que vários deles passavam por mim.

Ele disse que as pessoas na equipe não me respeitavam, que riam das minhas sugestões.

E que estava decidindo pela minha saída.

Disse também que não havia outras perspectivas para mim na TV Globo.

À minha frente, de modo sucinto e brusco, se concretizava o maior revés da minha vida profissional até ali.

O quadro que eu tentava evitar me acachapava frontalmente.

Aquele era um ponto de não retorno. A decisão já estava tomada. Não havia espaço para arguição. A minha demissão já tinha acontecido. Eu estava apenas sendo comunicado. Eu estava fora — sem ter tido nenhuma advertência anterior. Mas já não fazia sentido discutir. Xeque-mate.

Começava a realizar ali um prejuízo cuja extensão eu só viria a conhecer com o tempo.

Um longo silêncio se instalou na sala. Um silêncio amorfo, cinzento, que pairava no ar ocupando os espaços. Ficamos ali, em suspensão, por vários segundos. Que se arrastaram como horas. Cada um olhando para um canto. Sem qualquer possibilidade de reconexão.

Até que me levantei, disse um "com licença" protocolar e saí dali para nunca mais voltar.

Era o início de uma tarde escaldante de verão no Rio. Minha sensação era de vertigem, de estar vendo tudo fora de esquadro. Ou de nocaute, depois de um direto fulminante.

Tudo aquilo ao meu redor estava deixando de pertencer ao meu presente para virar passado. Era naquele cenário que minha vida acontecia até alguns minutos atrás — minhas aspirações, percalços, medos, avanços, aprendizagens. Agora eu era um elemento externo àquele ambiente. Minha realidade estava sendo alterada à minha frente. As coisas giravam lentamente ao redor, ao avesso, em descompasso.

A demissão vem como choque. Depois, como indignação. Mais tarde, se você olhar de modo honesto, perceberá que a gente quase sempre sabe quando algo pode acontecer. O golpe nunca chega completamente desavisado. Mesmo que a cabeça ainda não tivesse registrado, o estômago já sabia.

Demissões fazem parte da vida de qualquer empresa. E da carreira de qualquer executivo — seja na posição de quem demite ou na de quem é mandado embora. E demissões são eventos sempre tristes — que não precisam ser deprimentes. Trata-se de situações sempre conflitantes — que não precisam se transformar em rancor.

Desci pelos corredores da emissora, com um torpor na testa, em direção à Redação do *Fantástico*. Não sabia o que diria a quem encontrasse pelo caminho. Imagens espocavam em minha cabeça. Os almoços com os editores nos restaurantes da região. Entrar na Redação todo dia com a esperança de que as coisas fossem melhorar. O cansaço e a melancolia que impregnavam aquele dia a dia. Percebi que as coisas que eu fazia ou sentia ali dentro já tinham acontecido pela última vez.

Foi assim que, treze meses depois de ter entrado na TV Globo, saí como se nunca tivesse estado lá de verdade. Passei pelo *Fantástico* sem jamais ter tido uma função no programa. O único lugar em que saí menor do que entrei. Não construí obra alguma, não imprimi uma marca, não gerei um legado.

Fui embora deixando pouca coisa para trás. E levando quase nada comigo. Um punhado de alegrias avulsas e desconexas, um par de relações precocemente abortadas. De resto, páginas em branco. Reminiscências de um tempo que não aconteceu. Lembranças do que era para ter sido e não foi.

A última cena. Entrei na Redação vazia. Limpei minha mesa. (É surpreendente como podemos caber em pouco espaço. No meu caso, uma sacola plástica de supermercado que pedi emprestada à secretária da Redação.) Fred, Cadu e Petry chegaram. Eles ainda não haviam almoçado. Eles ainda não sabiam. Ninguém sabia que aquele homem remexendo suas gavetas não estava mais ali. Convidei os três para almoçar. "Hoje é por minha conta", disse. Nosso derradeiro repasto. Levantei da cadeira com meu embornal. Meu ex-chefe chegou nesse exato instante. E chamou os três em sua sala. Eu disse a eles que os esperaria lá embaixo. Já sabendo que eles não saberiam da minha saída por mim.

Me despedi da secretária. Esperei por eles no pátio por uns 10, talvez 15 minutos. Eles não desceram. É provável que ainda estivessem em reunião. Ou talvez tenham imaginado que eu já tivesse ido embora. Me encaminhei para o portão da emissora. Estava prestes a sair dali pela última vez. O calor era corrosivo. Desistia daquele almoço — meu último plano que não dava certo no *Fantástico*. Quase 400 dias depois, finalmente, fui embora.

Fim de caso.

Veni, vidi, perdidi.

Post Scriptum

Recebi dois ou três telefonemas em casa, no dia seguinte. E saí para jantar com um ex-colega, dias depois.

Enviei um e-mail cortês, agradecendo pela paciência e pela simpatia, a alguns colegas, superiores e subordinados que de fato foram simpáticos e pacientes em minha passagem por lá.

À medida que os dias passavam, meu sentimento começou a mudar do choque, da revolta, da tristeza e da vergonha, para um misto de alívio em relação ao presente e de esperança em relação ao futuro. Era uma cura rápida demais — mais tarde eu teria que revisitar aqueles cortes cicatrizados às pressas, para suturá-los de modo definitivo. Mas a história dessa reconstrução pertence a outro episódio desta Trilogia. Naqueles últimos dias à beira-mar, meu sentimento era de otimismo e de leveza.

O *voucher* do Copacabana Palace era para a semana seguinte à demissão — mais ou menos uma semana antes do meu aniversário. Nos instalamos numa suíte do Copa. Chovia. Ainda assim, aproveitamos a famosa piscina do hotel. À noite, jantei bem, à luz de velas, com minha mulher, num dos restaurantes mais chiques do Rio, por conta da empresa que tinha acabado de me desligar. Uma situação bizarra a cuja variedade de interpretações possíveis eu decidi não me dedicar. "Vai entender" é às vezes uma resposta boa o suficiente. Um expresso, a conta e até mais ver.

Decidimos ficar no Rio até o fim de fevereiro. Teríamos um mês e meio para curtir a cidade de um jeito que até ali talvez ainda não tivéssemos conseguido fazer. Aproveitamos o final do verão para preparar com calma nossa volta a São Paulo.

Nos últimos dias no Rio, fomos nos desfazendo de nossas conexões com a cidade. Aproveitamos para passear com as crianças. Comemos em nossos restaurantes prediletos. Admiramos bem os lindos horizontes da cidade — as pedras, os verdes, as águas, as luzes, os poentes arrebatadores do Rio.

Ao longo de 2007, mantive uma coluna na revista *Marie Claire*, da Editora Globo. Um espaço em que escrevia para o público feminino. Tinha estreado nessa função na revista *Nova*, enquanto estava na Abril. Naquele ano mantive também uma coluna na *Época*, a principal revista da Editora Globo. Essas conexões com a mídia impressa haviam me emprestado um pouco de autoestima ao longo daquele período de achatamento no *Fantástico*. E continuavam me ajudando nesse período demissionário.

Em minha coluna quinzenal na *Época*, naqueles dias pós-demissão, publiquei um artigo sobre o cerceamento imposto pela Federação Israelita do Rio de Janeiro ao desfile da Escola de Samba Viradouro, do carnavalesco Paulo Barros, que havia eleito o Holocausto como tema para o seu carnaval em 2008. Eu havia pescado o assunto numa notinha de jornal. E contribuí para dar relevância nacional ao tema.

Minha coluna gerou uma avalanche de cartas à Redação de *Época*. A direção da revista decidiu, por conta dessa reação, sair com o assunto em reportagem de capa na semana seguinte. E aí a polêmica foi repercutida por toda a imprensa. Ironicamente, a minha abordagem daquele tema acabou pautando vários telejornais da TV Globo, inclusive o próprio *Fantástico*, de onde eu estava saindo exatamente porque minhas sugestões de pauta eram motivo de riso.

(Reproduzo esse artigo, "Ninguém deve censurar o Carnaval", no Anexo 3, à página 246. E no Anexo 4, à página 248, disponibilizo um dos últimos artigos que publiquei na *Marie Claire*, exatamente sobre a experiência de ter morado no Rio.)

O triunfo e o desastre são impostores — na famosa frase do escritor britânico Rudyard Kipling. É importante não acreditar em todos os elogios que nos fazem quando estamos por cima. Nem em todas as condenações a que somos submetidos quando os resultados não são bons.

Com tudo encaixotado, fomos brincar o Carnaval. Saímos atrás de alguns blocos no Leblon. Numa daquelas noites quentes, no meio da muvuca, coberto de suor e de confetes, uma ex-colega me avistou do outro lado da rua, abriu um enorme sorriso e atravessou aquele mar de gente que nos separava, para me dar um abraço e dizer: "que bom te ver aqui!" Ela estava feliz por me ver bem. E eu fiquei feliz por receber aquele gesto de carinho. Seguimos nossos caminhos. Debaixo da batucada e do céu sem estrelas daquela noite abafada.

Nossa mudança já tinha seguido para São Paulo quando entramos num táxi, cobertos de plumas e de outros badulaques, e fomos para a Sapucaí. Estreamos bem na avenida: fomos campeões do Carnaval de 2008 com a Beija-Flor — a escola de predileção da minha mulher. Um dia ainda voltaremos à Sapucaí para ganhar um Carnaval pela Mangueira, a minha preferida. Pensando bem, não havia jeito melhor de fecharmos nossa aventura carioca.

Posfácio

Os episódios relatados aqui aconteceram entre o segundo trimestre de 2006 e o primeiro trimestre de 2008, e se referem àquele tempo, àquela realidade e àquele contexto, exceto quando indicado de modo diferente no texto.

Sempre que grafei TV Globo, me referi exclusivamente à porção da empresa que conheci: o *Fantástico* e uma parte da Central Globo de Jornalismo, exceto quando indicado de outra forma. Tive pouco ou nenhum contato com os demais departamentos da empresa — como as áreas artísticas, administrativa e comercial.

Esse livro faz revelações a meu próprio respeito — busquei não expor ninguém além de mim mesmo. Eu sou o objeto central da auscultação empreendida aqui.

Essa obra é sobre o funcionamento de um executivo dentro de uma engrenagem corporativa. O relato de um profissional que se viu diante de uma cultura empresarial e não encontrou encaixe — e uma reflexão sobre essa incompatibilidade.

Em nenhum momento estabeleci meu desajuste como parâmetro, depreciando quem encontrou adequação lá dentro. Ao contrário: admiro quem conseguiu negociar com aquela estrutura melhor do que eu. Minha busca aqui foi descobrir por que *eu* não consegui me adequar. O dedo esteve apontado sempre e unicamente para mim.

Essa não é a primeira história de desajuste corporativo de que você já ouviu falar. É possível que você mesmo já tenha visto ou vivido passagens igualmente pedagógicas em sua carreira. Mas essa era a história que eu tinha a compartilhar — a *minha* história.

Minha crença é que relatos assim precisam circular mais. Porque são tão ou mais significativos do que as histórias de sucesso. Gosto de imaginar que esse livro possa ser útil ao leitor. Trata-se de um relato pessoal — acredito que, quanto mais chafurdamos em nossas particularidades, mais conseguimos ser universais. Quanto mais mergulhamos em nossas próprias verdades, mais chance temos de nos conectar à verdade dos outros.

Me perguntei algumas vezes se estava quebrando um protocolo profissional importante ao contar uma história vivida com um ex-empregador. Parece haver por aí a ideia de que a coisa certa a fazer é calar sobre os lugares onde trabalhamos. Raciocinei de outra forma: se tenho direito à minha própria história, então também tenho o direito de contá-la.

Decidi contar essa história para tirá-la de dentro de mim. Para olhá-la de frente, compreendê-la, dar a ela a dimensão correta. E assim poder guardá-la de novo, com o tamanho justo, no lugar certo.

Escrevi esse livro porque *precisava* escrevê-lo. Construir esse relato foi um exercício fundamental em minha trilha de autoconhecimento. E esse depoimento é também uma parte importante do legado que estou interessado em construir.

Três objetivos me acompanharam ao longo desse esforço por tecer essas quase 67 mil palavras que você acabou de ler.

1. Romper com o silêncio dos jornalistas

Nós, os jornalistas, nos ocupamos de investigar, averiguar, apurar, registrar, gravar, esclarecer, escrever, publicar, irradiar, levar ao ar quase tudo a respeito de quase todos. No entanto, sobre nós mesmos, silenciamos de modo capcioso.

Isso é especialmente verdadeiro no Brasil. A literatura sobre jornalismo e sobre jornalistas nos países anglo-saxões, por exemplo, é bem mais prolífica. Por aqui, reina o vácuo de informações sobre o funcionamento do sistema que produz as informações que consumimos. Eis o que fingimos ignorar: as pessoas querem conhecer melhor quem decide o que elas vão ver, ler e ouvir. Elas têm interesse em conhecer as histórias de quem lhes conta as histórias. E em saber o que acontece por trás dos muros de suas publicações e de seus programas prediletos.

O jornalismo brasileiro gera poucos registros de si mesmo. O que acontece em nosso quintal dificilmente chega ao conhecimento do público. A memória das redações ainda é grandemente oral no Brasil. E tem, portanto, alcance e acuidade limitados.

A ideia de que jornalistas não devem ser notícia, em princípio correta, como um bem-vindo parâmetro de contrição vocal para quem, afinal, está no controle do megafone, vira um enorme sofisma quando dá guarida a um pacto geral de silêncio e de omissão. Nós somos os profissionais mais bem equipados para revelar as histórias do próprio jornalismo. Afinal, somos repórteres e redatores, esse é o nosso metiê. Mas nós não o fazemos.

Esse quadro se torna especialmente deletério quando nos tornamos figuras mais ou menos públicas e influentes que, em conjunto, representam e exercem o chamado Quarto Poder. É obsceno que nos resguardemos numa zona de conforto em que a luz e a temperatura são controladas por nós mesmos.

Quando se publica algo sobre jornalismo ou jornalistas no Brasil, ou é uma biografia patrocinada pelo próprio biografado — uma versão edulcorada da história, destinada ao elogio, com conflitos equalizados e contradições omitidas — ou é um tiro de bazuca dado pelas costas, uma obra do rancor e não da memória. Ou temos release e versão oficial, ou temos diatribe e panfleto.

Isso significa que, ao cobrir a si mesmos, os jornalistas e as empresas jornalísticas se recusam a fazer bom jornalismo. Histórias bem apuradas, com pesquisa histórica e informação independente, ancoradas em curiosidade genuína e em honestidade intelectual — conceitos dos quais nos orgulhamos quando aplicados aos outros — são raras quando o objeto da investigação somos nós mesmos.

Aí falhamos em uma de nossas missões mais nobres, que é gerar registros históricos fidedignos, para a posteridade, daquilo que de mais relevante ocorre em nossos dias. Sabotamos as pautas que nos incluem também na condição de personagens, e não apenas na condição de editores. No entanto, é absolutamente relevante revelar quem são e como agem as pessoas e as empresas que decidem, em nome de todas as outras, o que será registrado — e *como* isso será registrado.

2. Ser equilibrado e justo

Esse livro é um testemunho tecido a partir da minha perspectiva pessoal. Portanto, ele não pode pretender isenção. Ao contrário, o livro assume desde o início um ponto de vista diante do que aconteceu. Ele é um *memoir* — não é uma reportagem. Exatamente por isso, escrevê-lo me demandou esforços redobrados para ser o mais correto, consciencioso e ponderado possível.

A um livro de memórias talvez seja impossível não ser de algum modo indiscreto. Mas ele não pode ser injusto. Com isso em mente, questões meramente pessoais e detalhes por demais particulares passaram longe dessas páginas. Também eliminei as opiniões, suposições e impressões, por mais óbvias que me parecessem — me ative aos fatos.

Busquei fazer uma arqueologia das relações e dos personagens, catalogando aspectos relevantes à compreensão da história. Sempre a partir de uma perspectiva profissional. Em nenhum momento, no entanto, revelei informações privilegiadas às quais tenha tido acesso por conta do cargo que a empresa me confiou. Afora minhas experiências e reflexões pessoais, esse relato se abasteceu unicamente de informações públicas, que circulavam livremente.

Nada do que me foi dito em confidência, ou em ambientes de informação controlada, chegou perto dessas páginas. Isso seria desleal com a empresa e com os executivos que me empregaram por um ano e um mês. Eu estava sob contrato e nós tínhamos um acordo — que não rompi em nenhum momento, nem mesmo a posteriori, ao escrever esse livro.

3. Ser honesto

Tentei resistir também à tentação de construir justificativas para o que fiz ou deixei de fazer. Há autobiografias que são como retoques de gesso em uma parede trincada. Esse livro é uma tentativa de fotografar a parede como ela era. Ou como ela me parecia. Da forma mais fidedigna possível.

A verdade absoluta não existe. Os fatos são sempre editados pelo olhar de quem os captura. Na ótima frase de Anaïs Nin: "As coisas não são como nós as vemos. Elas são como nós nos vemos". Ainda assim, é possível ser honesto em relação à *sua* verdade — àquilo que você enxerga e pensa de fato, àquilo que você *sabe* em relação a si mesmo e ao que está em volta.

No final, é só isso que importa, na literatura ou na vida: a sua *verdade*. Persegui-la, conhecê-la, admiti-la — e não abrir mão dela. Esse talvez seja o principal compromisso desse livro — do autor com seus eventuais leitores, mas, principalmente, do autor consigo mesmo.

Enquanto na ficção a arte está em construir uma mentira bonita, em usar o estilo para gerar o belo a partir de uma história inverídica, a arte aqui, se houver alguma, terá sido usar o estilo para revelar a realidade como ela era, ou como ela se apresentou a mim. A busca estética primordial desse livro não foi pela beleza — mas pela *autenticidade*.

Busquei também não fazer uma apelação póstuma à simpatia da opinião pública. Os resultados que angariei, bons ou maus, justos ou injustos, não podem ser revistos. O que você não faz ou diz na hora vira um caso prescrito. Você pode assistir ao replay um milhão de vezes na sua cabeça. A jogada registrada ali não se alterará.

Também tentei me ver com as mesmas lentes que usei para enxergar os outros. Quis revelar os dois lados da moeda, utilizando os mesmos critérios para desvelar a ambos.

Um livro de memórias deve reportar uma contabilidade já ajustada — com os outros, mas principalmente consigo mesmo. O exercício memorialístico requer *serenidade*. Não falo em tom conciliatório — mas em tom *maduro*. Um depoimento como o que eu quis oferecer aqui requer uma etapa anterior de digestão, perscrutação, entendimento. Não se pode registrar o que ainda está quente — porque a substância em alta temperatura ainda não ganhou seu contorno definitivo. Só se pode dar a justa forma àquilo que já esfriou dentro de você.

Escrever um *memoir*, por fim, significa passar a limpo a si mesmo. E essa é a parte mais difícil do trabalho. Memória é, antes que tudo, um exercício de autodissecação. E o registro produzido acaba definindo, consciente ou inconscientemente, diante do mundo e da posteridade, não apenas o tamanho da jornada — mas a estatura de quem a realizou.

Espero com tudo isso ter oferecido a você, leitor, uma boa visão do que aconteceu dentro de mim e ao meu redor ao longo daqueles 13 meses. Procurei dar acesso irrestrito a meus medos, minhas dificuldades, minhas ansiedades, meus dilemas e frustrações.

Torço para que isso possa lhe servir de alguma forma. Que esse livro tenha gerado em você reflexões melhores e mais argutas que as minhas. Que meus percalços lhe economizem tropeços. Que minhas incongruências e inseguranças lhe fortaleçam.

Também quis fazer aqui, dentro das minhas limitações, boa literatura. É meu desejo ter podido lhe oferecer momentos agradáveis de entretenimento com essas páginas.

Até a próxima aventura!

Anexo 1

Como funciona o mercado publicitário brasileiro

Em 2014, o total de verbas publicitárias investidas em mídia no Brasil (excluindo da conta os investimentos realizados na produção dos materiais veiculados) foi de 39,9 bilhões de reais. Desse montante investido na compra de espaços publicitários, 58,5% foram destinados à televisão aberta. Isso se traduziu num faturamento de 23,39 bilhões de reais para o meio TV — os números são do Projeto Intermeios, coordenado pelo jornal *Meio & Mensagem* e auditado pela PriceWaterhouseCoopers.

A larga fatia da televisão aberta no bolo publicitário brasileiro é um fenômeno. Especialmente porque vivemos tempos de pulverização das audiências. Em TV, até meados dos anos 90, havia cinco ou seis emissoras abertas. Hoje, há mais de 200 canais disponíveis à grande parte dos consumidores brasileiros. E se antes era preciso pagar por informação e entretenimento, fosse na compra de um exemplar de jornal ou na assinatura de uma revista, hoje o meio digital oferece uma infinidade de sites, blogs, redes sociais e aplicativos dando livre acesso a um manancial invencível de conteúdo.

O tempo investido pelas pessoas no consumo de informação, embora tenha aumentado, passou a ser disputado por muitas novas ofertas, incluindo o consumo de conteúdos gerados por outros usuários e a produção de conteúdos pelo próprio consumidor — *User Generated Content (UGC)*. A todas essas, o faturamento do meio TV continua praticamente intocado no Brasil, o que não se vê na maioria dos outros países.

Em 2015, na Inglaterra, a fatia da TV no bolo publicitário foi de 26,3%, enquanto a mídia digital, que lidera o ranking de investimentos há anos, respondeu por 42,7% dos investimentos. Nos Estados Unidos, a participação da TV ficou em 37,7%, e a da mídia digital, em 32,6%. No Japão, a TV ficou com pouco mais de 30% e a internet, com pouco menos de 20%.

A internet, segundo o Projeto Intermeios, faturou 3 bilhões de reais no Brasil em 2014, participando com apenas 7,6% do investimento publicitário no país. Ocorre que Google e Facebook, dois dos maiores veículos do segmento, não abrem seus números por aqui. Em consequência, os grandes portais de internet brasileiros, a maioria deles em declínio, também deixaram de divulgar seus faturamentos. Essa recusa dos principais players do meio digital em apresentar seus números fez com que veículos em outras mídias também se recusassem a abrir suas receitas, alegando "falta de reciprocidade entre os meios". Isso determinou, em agosto de 2015, a derrocada do próprio Projeto Intermeios — a aferição era realizada desde 1990 e representava a fotografia mais aceita do mercado publicitário brasileiro.

A estimativa do Interactive Advertising Bureau (IAB) Brasil, entidade que representa o meio digital no país, é que o investimento publicitário *online* brasileiro em 2014 tenha sido, com todos os participantes considerados, de 7,2 bilhões de reais. Agregando esses 4,2 bilhões de reais extras, capturados pelo IAB, aos números do Intermeios, a fatia da internet pularia para 16,3%

do bolo total, assumindo o segundo lugar entre as mídias mais afluentes do país.

Estima-se no mercado que em 2015 o Google tenha faturado 6 bilhões de reais e que o Facebook tenha faturado pouco mais de 1 bilhão de reais no Brasil. Juntos, portanto, eles já equivaleriam a quase 55% do faturamento da TV Globo — a maior empresa de comunicação do país —, que foi de 11,1 bilhões de reais em 2015.

Isso também significaria que o Google recebe 60% dos investimentos publicitários digitais no país, e que o Facebook recebe outros 10%. Ou seja: juntos, eles já teriam a mesma fatia do bolo digital que a TV Globo tem do bolo da TV aberta — em torno de 70%. Google e Facebook atingiram esse patamar em meia década — contra as cinco décadas da TV Globo.

Google e Facebook se tornaram duas das maiores empresas de mídia do Brasil e do mundo sendo plataformas tecnológicas e não veículos. Ou seja, sem investir um centavo na produção do conteúdo que distribuem. Enquanto a Abril, no seu auge, chegou a empregar 9 000 funcionários para faturar 3 bilhões de reais, o Facebook faturou em torno de 40% daquele valor no país com 300 funcionários — ou 0,3% daqueles postos de trabalho. Enquanto a TV Globo empregava 13 mil pessoas, o Google, para faturar por aqui o equivalente à metade das receitas da emissora, empregava em torno de 800 profissionais. Bem-vindo à era em que você pode ser um gigante de mídia sem precisar escrever uma linha de texto nem editar um minuto de vídeo.

Essa estratégia de Google e Facebook tem sido letal para as empresas produtoras de conteúdo: ambos atraem a verba de marketing das marcas recebendo, a custo zero, os conteúdos produzidos pelos veículos que os anunciantes deixaram de apoiar publicitariamente exatamente para poderem investir mais dinheiro nos dois gigantes. Ou seja: os publishers ficaram com o custo da produção do conteúdo que Google e Facebook usam como combustível gratuito em suas operações.

Mais: os próprios publishers também investem no Google e, principalmente, no Facebook, suas verbas de marketing, de modo a divulgar seus conteúdos naquelas plataformas (que incluem também o YouTube e o Instagram, por exemplo).

Não é possível dizer com precisão como a exuberância comercial de Google e Facebook impactou até aqui a divisão do bolo publicitário no país — desde 2015, com a interrupção do Projeto Intermeios, a participação dos meios nos investimentos em comunicação no Brasil passou a ser medida apenas pelo Monitor Evolution, da Kantar Ibope Media, uma ferramenta com outra metodologia, impossível de comparar com o histórico do Intermeios, que era o padrão de mercado. (O Monitor Evolution registra todas as peças veiculadas e estima o investimento com base nos preços cheios dos anúncios, desconsiderando descontos comerciais — que, em alguns casos, podem chegar a mais de 90% do valor de tabela. O Projeto Intermeios trabalhava com o faturamento declarado pelos veículos — e auditado pela PriceWaterhouseCoopers —, o que embutia as negociações e tornava o número mais "real".)

Para veículos que estão perdendo participação e não querem ter de falar sobre a própria decadência, essa quebra no monitoramento é conveniente. Para aqueles que estão crescendo e não querem ter de trocar a aura sardônica pela carapuça de um gigante desalmado, também. Quanto menos dados, métricas e análise — o que os americanos chamam de *intelligence* —, menos objetividade e clareza temos para acompanhar e compreender o mercado publicitário brasileiro.

Em março de 2016, o Kantar Ibope Media e o Grupo de Mídia São Paulo, com o apoio da Associação Brasileira de Agências de Publicidade (ABAP) e do *Meio & Mensagem*, lançaram o

Media Compass, um novo indicador, que tomou os números do Monitor Evolution e aplicou sobre ele os descontos médios praticados em cada um dos meios, a partir de informações colhidas nas principais agências de publicidade do país.

O Media Compass analisou os números de 2015, mas infelizmente não chegou vivo a 2017, para medir os números de 2016. Desde então, o mercado de publicidade no Brasil, um dos cinco maiores do mundo, não sabe dizer com precisão que tamanho tem nem como as verbas estão divididas entre os meios.

Segundo o Media Compass, o investimento publicitário no Brasil em 2015 foi de 35 bilhões de reais — uma retração de 12,2% em relação aos 39,9 bilhões medidos pelo Projeto Intermeios em 2014. A TV aberta teria faturado 22 bilhões de reais em 2015, ficando com 62,4% do bolo, ante os 23,39 bilhões (e 58,5% do bolo) registrados pelo Intermeios em 2014.

O montante investido em mídia *online* teria sido, em 2015, segundo o Media Compass, de 1,82 bilhão de reais em *display* (banners em sites, basicamente), representando uma fatia de 5,2% do bolo, e 1,57 bilhão em *search* (links patrocinados, basicamente), com uma fatia de 4,5%. Esses números excluem investimentos na plataforma mobile (*smartphones*) e em mídia programática (compra e venda de espaços publicitários intermediadas por tecnologia, em leilões automáticos, com foco na segmentação e no comportamento dos consumidores, e não nos veículos em si).

Na soma, segundo o Media Compass, os investimentos publicitários na internet teriam sido de 3,39 bilhões de reais em 2015, com uma participação de 9,7% no bolo total. Um número ainda muito parecido com os 3 bilhões de reais (e *share* de 7,6%) registrados pelo Projeto Intermeios em 2014 — e ainda longe das estimativas de mercado para o faturamento do Google e do Facebook no Brasil e também dos números do IAB Brasil para as verbas de publicidade digital no Brasil.

Em 2015, segundo o IAB, a publicidade *online* somou 9,3 bilhões de reais no país — um crescimento de 22,5% sobre os 7,2 bilhões medidos pelo próprio IAB em 2014. (Em 2016, segundo o IAB, o investimento digital em publicidade bateu em 11,8 bilhões de reais, um crescimento de 26% sobre 2015 — o último ano que permite a comparação entre os meios no país.) Agregando essa diferença de 6 bilhões de reais entre o número do IAB e os números do Media Compass, a participação do meio digital nos investimentos publicitários no país em 2015 pularia para 22,6%.

De todo modo, em 2002, o faturamento da TV aberta no Brasil havia sido de 5,65 bilhões de reais, com uma participação de 58,6% em um mercado brasileiro de mídia de 9,63 bi. Em 2014, pouco mais de uma década depois (para nos atermos à série histórica do Projeto Intermeios e trabalharmos com números perfeitamente comparáveis), o mercado havia crescido 314%, para 39,9 bilhões de reais. Nesse período, mesmo com a eclosão da blogosfera, das redes sociais, do universo mobile, dos links patrocinados e dos demais formatos de mídia digital, as receitas do meio TV cresceram 312%, para 23,3 bi, mantendo incólume, em 58,5%, a sua participação no bolo total de investimentos em mídia no país.

A TV Globo não apenas acompanhou esse movimento do meio TV, como o liderou. Em 2002, a média diária da emissora, medida entre as 7h e a 0h, segundo o Painel Nacional de Televisão (PNT), do Ibope Media, era de 22,2 pontos. Em 2014, essa média havia caído para 15,1 pontos — patamar em que se manteve em 2015. Em 2016, essa média subiu para 16,4%. Ainda assim, entre 2002 e 2016, a TV Globo perdeu 26,1% de sua audiência em rede nacional. Essa queda, no entanto, não se refletiu no faturamento.

Em 2016, segundo o anuário *Mídia Dados*, do Grupo de Mídia São Paulo, a TV Globo ficou com um *share* de 36,9% da audiência do meio TV. No entanto, estima-se que a participação da emissora nos investimentos publicitários em TV aberta no país, especialmente entre os grandes anunciantes, não seja inferior a 70%. Ou seja: se você tivesse 100 reais para atingir 100 pessoas com a sua mensagem publicitária em televisão, você pagaria, *grosso modo*, 70 reais à TV Globo para falar com apenas 37 daquelas pessoas. Dito de outro modo — a TV Globo já não tinha dois terços da audiência, como chegou a ter nos tempos áureos, nos anos 70 e 80, mas continuava participando com dois terços das receitas destinadas a impactar aquela audiência no meio TV.

O ano de 1967 foi o primeiro em que as verbas publicitárias investidas em TV superaram o que se direcionava aos jornais e às revistas no Brasil. A partir de então, a televisão reinou absoluta no país por pelo menos três décadas. Naquele período de ouro, as principais atrações da emissora chegavam a obter mais de 80 pontos de audiência. Um dos capítulos de *Roque Santeiro*, novela de 1985, chegou aos 98 pontos, com *share* de 100% — ou seja, virtualmente *todos* os televisores do país estavam ligados naquele momento. E *todos* estavam sintonizados na TV Globo. Atualmente, a novela das 9, ainda o produto mais bem-sucedido da emissora em audiência, fica com uma média de 35 pontos — e um *share* de 55% dos aparelhos de TV ligados.

Como resultado, a despeito da queda de audiência do meio TV, e da redução da sua própria audiência, a TV Globo, que completou 50 anos em 2015, se tornou a segunda maior empresa de televisão do mundo em faturamento, considerando as suas receitas de 11,1 bilhões de reais em 2015 — ficando atrás apenas da rede americana ABC. Em 2016, as receitas caíram para 10,2 bilhões — ainda assim, um resultado 52,2% maior do que os 6,7 bilhões de reais faturados em 2007, ano em que estive por lá (embora a audiência média da emissora tenha caído 18,8% no mesmo período — de 20,2 pontos em 2007 para 16,4 em 2016.

Com relação ao *Fantástico*: em 2007, ano em que labutei por lá, a média de audiência foi de 27,7 pontos. Em 2000, para efeitos de comparação, a média tinha sido de 34,3 pontos. A melhor audiência de 2000 para cá ocorreu em 2003, com média de 35,5 pontos.

Em 2008, a média caiu para 26,6 pontos. No ano seguinte, a audiência passou para 24,5 pontos. Em 2010, ela caiu para 23,1 pontos. Em 2011, fechou em 22,3 pontos. Em 2012, caiu para 22,2 pontos. E em 2013, fechou em 20,5 pontos.

Em 2014, o *Fantástico* ficou com média de 19,9 pontos. Em 2015, fechou com 20,1 pontos, estancando uma sequência de quedas, ano a ano, que vinha desde 2003. Em 2016, o *Fantástico* fechou com 21 pontos. Ao todo, entre 2000 e 2016, o *Fantástico* perdeu 38,7% de sua audiência.

Em 5 de agosto de 2018 o *Fantástico* completará 45 anos.

Anexo 2

A Bonificação de Volume e a hegemonia do meio TV no Brasil

Um dos trunfos que tem sustentado a exuberância comercial da TV Globo é um instrumento conhecido como "bonificação de volume", o BV. (É curioso que na abreviatura se use o artigo masculino "o" e não o feminino "a", como seria correto.) A remuneração das agências de publicidade no Brasil, no papel, é de 20% sobre o valor da compra de espaços publicitários que fazem, em nome de seus clientes, junto aos veículos. (E de 15% sobre o custo de produção daquilo que será veiculado.) Ou seja: o veículo fatura 100 reais contra o anunciante e recebe 80 — os outros 20 ficam na agência. Esse é o modelo clássico — que praticamente não ocorre mais.

Desde há muitos anos, por pressão dos anunciantes e pelo acirramento da competição entre as próprias agências, outros modelos de remuneração emergiram. Algumas agências passaram a receber a comissão a que têm direito — hoje, entre os grandes anunciantes, pratica-se de 3% a 5% sobre a verba a ser investida — em doze prestações, na forma de um *fee* fixo mensal. Outras *trocaram* a comissão por um *fee* (ou "honorário", em português) calculado em cima de outros critérios (como planilha de custos com horas-homem etc), de forma não-vinculada à compra de mídia. Outras, ainda, operam numa combinação de *fee* com comissão reduzida.

Os *fees* vieram também coibir uma ineficiência, do ponto de vista econômico, contida na fórmula da comissão: quanto mais a agência gasta o dinheiro do cliente, mais ela ganha. Não há incentivo no raciocínio original para que ela economize a verba, já que o seu próprio ganho advém de uma porcentagem do gasto que ela realizar.

Outra faceta dessa ineficiência é o incentivo ao uso da verba do cliente em mídia, em que a comissão da agência é maior (e mais rentável) do que em produção, por exemplo. Então, mesmo que uma solução de comunicação que passe pela produção seja a mais indicada ao cliente em determinada situação, a agência tenderá a recomendar o investimento em mídia, de modo a ser mais bem comissionada.

Enquanto a comissão de 20% das agências é uma definição fundante do mercado publicitário brasileiro, tendo sido estabelecida com a própria regulamentação da profissão de publicitário, pela Lei nº 4 680, de 1965 (embora, por ser descumprida universalmente no mercado, essa lei esteja caducando), o BV é uma liberalidade, uma prática comercial que somente há pouco foi oficializada — na Lei nº 12 232, de 2010. Apesar da letra jurídica finalmente instituída, o assunto ainda é um tabu que suscita polêmica — e silêncios.

O BV também é chamado de "plano de incentivo" — dos veículos em relação às agências, por meio da devolução de parte do dinheiro investido na compra de mídia. (Em teoria, o BV deveria ser utilizado para o aprimoramento das agências, para o investimento em treinamento e em pesquisa.) Quanto mais uma agência investir o dinheiro de seus clientes num veículo, maior será o BV pago a ela por esse veículo. Normalmente, o BV gira entre 5% e 12% da verba investida. Mas ele pode começar antes e terminar depois dessa faixa, dependendo da negociação. E a agência pode subir ou descer de porcentual na medida em que aumentar ou diminuir seus investimentos no veículo ao longo do ano.

O BV é uma transação entre o veículo e a agência — com o dinheiro do anunciante. Costuma ocorrer assim: a agência negocia, no começo do ano, uma meta anual de crescimento dos investimentos a serem realizados no veículo pelo conjunto de seus clientes. O percentual de BV a ser pago pelo veículo à agência é definido a partir desse montante. A negociação, portanto, gera um valor "devido" pela agência ao veículo — estabelecido num instrumento chamado "Carta de BV".

A partir daí, segundo o diretor comercial de um grande veículo, todo final de mês, o veículo liga para a agência e a atualiza quanto aos investimentos programados para aquele período. O veículo vai recebendo os pagamentos dos clientes, no mês a mês, e vai repassando para a agência o BV combinado. O risco para a agência, ao chegar ao final do ano sem gerar a receita acertada com o veículo, sobre a qual ela negociou o seu BV, é ter de rever a porcentagem a que tem direito e, em consequência, devolver ao veículo parte do dinheiro já recebido, caso caia de patamar.

Amarrada financeiramente, a agência se volta aos seus clientes oferecendo novas oportunidades de investimento que lhe permitam cumprir a sua cota junto aos veículos com os quais têm assinadas as "Cartas de BV". O veículo, portanto, nesse cenário, não precisaria fazer muito esforço para vender seus projetos à agência — a agência já estaria *comprada*. O veículo ficaria numa posição muito mais receptiva, dedicado à administração financeira da parceria, do que propriamente de prospecção comercial ativa. A agência é que se encarregaria de vender os projetos do veículo aos clientes — que, como se vê, correm o risco de ficar bastante *vendidos* nessa história toda.

Quem critica a prática do BV alega que ele pode afetar a isenção das agências na hora de administrar a verba do cliente. Num primeiro aspecto, há a ênfase em mídia, em detrimento de outras possibilidades de investimento. E, dentro do espectro da compra de mídia, haveria um conflito de interesses na hora de a agência exercer o seu papel, que é de sugerir investimentos aos anunciantes com base em critérios técnicos, de eficiência dos meios, de mérito dos veículos e de pertinência dos projetos. Até que ponto os acordos de BV não estariam influenciando as agências a operar não a partir do que é melhor para o cliente, mas sim a partir do que é melhor para elas?

Imagine-se, por um instante, tentando apresentar a uma agência um projeto que não esteja ligado a um veículo que ofereça um "plano de incentivo" importante aos resultados financeiros da agência. Imagine que as metas de faturamento dessa agência, apontadas nas suas Cartas de BV, ainda não estejam cumpridas e que os profissionais ali estejam sendo cobrados por isso. As chances de você ser recebido por quem de fato decide serão pífias. As chances de o seu projeto chegar a ser apresentado ao cliente serão praticamente nulas. Por melhor que seja a sua oferta. Porque a agência está preocupada em garantir seus próprios resultados. E os profissionais da agência estão sendo pressionados para bater essas metas. Eis a distorção apontada por quem objeta esse modelo — o foco no BV obnubilaria a busca pela grande ideia e pelo melhor projeto, que é o que, em tese, deveria nortear as agências e o serviço que elas se propõem a prestar aos clientes.

A TV Globo é disparada a maior pagadora de BV do mercado brasileiro. "O BV da TV Globo é o maior vendedor do país", me disse uma vez o presidente de outra grande empresa de mídia, que também oferece BV ao mercado. Isso ajuda a explicar por que um programa como o *Fantástico*, por exemplo, perdeu quase 40% de sua audiência na última década e meia e o preço das inserções em seus intervalos comerciais, lotados de anúncios, continua aumentando progressivamente.

Por que não há uma grita ante o fato de alguns veículos cobrarem cada vez mais e entregarem cada vez menos? Porque as agências estão intestinamente conectadas a alguns veículos nessa equação financeira. Elas dependem desse dinheiro para manter suas operações. O fato de o cliente estar pagando duas ou três vezes mais para receber a metade ou um terço do que recebia há alguns anos é um tema inoportuno que quase nunca vem à tona.

Assim, no Brasil, a audiência migra celeremente para outros meios e para outros veículos e os investimentos publicitários continuam, de modo geral, caminham com muito mais lentidão. Temos um dos apetites digitais mais impressionantes do planeta — mas as verbas de mídia não têm acompanhado com a mesma velocidade esse movimento dos consumidores. Mesmo com a chegada ao país do Google e do Facebook, gigantes digitais que têm atraído uma fatia importante das verbas publicitárias, a TV aberta ainda se mantém soberana. Graças, principalmente, a essa amarra comercial bem montada que tem prolongado o fôlego da mídia tradicional por aqui.

Há um efeito colateral nesse arranjamento de mercado: a cristalização das relações e das oportunidades sobre um chassi de 40 anos atrás. Essa chumbagem comercial faz com que o mercado brasileiro evolua mais devagar do que poderia no desenvolvimento de novas mídias e de inovações disruptivas. (Veículos independentes, e projetos especiais desconectados dos grandes grupos de comunicação, por exemplo, sobrevivem com muita dificuldade no país. Não porque lhes falte mérito, em boa parte dos casos, mas porque sua presença é incômoda nessa equação entre as grandes agências e os grandes veículos, balizada pelo BV.)

Na maioria das grandes agências, que dependem do BV, os criativos são convidados a inovar na linguagem e no formato — desde que continuem, com a sua inventividade, permitindo às agências comprar mídia nos mesmos veículos de sempre. Se o criativo romper com as velhas opções de veiculação — filme comercial de 30 segundos, merchandising no programa, spot de rádio, página dupla, banner — ele pode até ganhar prêmio lá fora, mas sua agência perderá faturamento aqui dentro e ele ficará sem emprego.

Consta que o BV foi instituído no país ainda nos anos 60. Hoje, quase toda empresa de mídia no país oferece algum tipo de "incentivo" às agências — de emissoras de televisão a portais de internet, passando por revistas, rádios e jornais. A prática passou a ser utilizada também pelos fornecedores das agências em áreas que não envolvem compra de mídia — gráficas e produtoras de filmes comerciais, por exemplo, também costumam retornar às agências parte do valor que recebem por seu trabalho.

Algumas agências chegariam a abrir mão, não apenas da comissão, mas também do *fee* a que teriam direito, oferecendo seus serviços a custo zero para o cliente, somente pelo direito de poder receber a bonificação de volume correspondente à verba daquele anunciante.

"Sem o BV, as agências teriam que fechar suas portas e reabrir em outro endereço, com outra estrutura, com outros profissionais, num outro modelo de atuação", me disse o diretor de mídia de uma das maiores agências do país. Eis a questão que fica: o BV é uma ferramenta legítima de "estímulo a vendas" ou uma forma de "propina"?

É difícil precisar se os anunciantes começaram a minguar a remuneração paga diretamente às agências por conta da existência do BV ou se a bonificação de volume é que se tornou, com o tempo, um mecanismo de sobrevivência e compensação, criado entre agências e veículos, em decorrência da pressão financeira exercida pelos anunciantes sobre a comissão e o *fee* tradicionais pagos às agências.

Como as grandes multinacionais veem o BV? Para as matrizes, trata-se de uma idiossincrasia do mercado brasileiro, uma daquelas regras locais que é preciso seguir se você quiser entrar no jogo. (Google e Facebook também começaram a oferecer "programas de incentivo" às agências no Brasil — eis a força do BV como mecanismo sedimentado por aqui.)

Em outros países, as agências de publicidade, quase todas elas com presença no Brasil, nem compram mais mídia diretamente. O mercado lá fora se especializou e as agências se dividiram por competências centrais. Umas fazem só Planejamento — o estudo e a concepção de uma estratégia de comunicação. Outras, só Criação — a transformação daquela estratégia numa grande ideia criativa. Outras, só Produção — a tangibilização dessa ideia criativa em ações. E outras agências, ainda, só Mídia — o planejamento e a compra de espaços para veiculação das peças e das ações aos públicos da marca.

Aqui no Brasil, isso está longe de acontecer. Os grandes veículos e as grandes agências, unidos por interesses em comum, tentam como podem barrar a entrada no país das agências especializadas em comprar e vender espaços publicitários. Acredita-se que os preços de veiculação baixariam no país com a atuação dessas empresas — os chamados "*bureaux* de mídia".

Há uma norma-padrão de 2003, do CENP — o Conselho Executivo das Normas-Padrão —, entidade criada pelo mercado publicitário em 1998 para "zelar pelas regras da atividade publicitária no país", que proíbe a atuação dessas empresas no Brasil.

Somos o único país do mundo em que esse tipo de oferta está proibido de ser feito ao mercado — pelo próprio mercado.

A história tem demonstrado que a defesa de modelos menos eficazes, em desalinho com as melhores práticas internacionais, acabam caindo por terra. Os monopólios sempre conduzem a ineficiências que, com o tempo, acabam minando os próprios monopólios. A verdadeira capacidade de um mercado de se autorregular reside na premissa de que a eficiência, assim como a água ou a vida, sempre encontra um caminho para ultrapassar obstáculos e seguir adiante.

Curiosamente, o BV nunca gerou, entre os anunciantes, um questionamento compatível com a sua relevância no mercado publicitário brasileiro. Três pontos contribuem para que seja assim.

Primeiro: até ontem, os veículos tradicionais funcionaram bem como mídia de massa no país — e, mesmo com audiência cadente, a TV aberta continua sendo um meio com grande penetração entre os brasileiros. Então, como os objetivos vinham sendo de modo geral alcançados, e o executivo responsável por eles no cliente não era cobrado em relação a essa prática por seus superiores, ele também não questionava o que acontecia na transação entre agência e veículo. Todos ficavam felizes ao verem seus produtos e serviços aparecendo na telinha e bola para frente.

Um ex-diretor de mídia de uma grande agência afirma que o GRP da TV Globo ainda é imbatível, ainda oferece a melhor relação custo/benefício do mercado. (GRP — *Gross Rating Point*, ou Ponto Bruto de Audiência —, *grosso modo*, é *cobertura* — o tanto de pessoas que você quer atingir — multiplicada pela *frequência* — o número de vezes que você atingirá cada uma daquelas pessoas.)

Segundo ponto: com o tempo, é possível que o anunciante tenha percebido que era mais vantajoso para ele remunerar menos a sua agência, de modo direto, deixando que o veículo a compensasse na outra ponta, por meio do BV. Ou seja, o "plano de incentivo" também se tornou interessante para o anunciante.

Mas, se praticamente todos os veículos de todos os meios pagam BV, não faria diferença, para a agência, investir em A ou B ou C. Como as porcentagens negociadas com os veículos são semelhantes, o resultado final para a agência seria o mesmo, tanto investindo tudo num só veículo quanto dividindo a verba entre vários, uma vez que todos oferecem algum "plano de incentivo".

Então, por que a TV aberta continua mantendo uma fatia da carteira dos anunciantes — *share of wallet* — maior do que a sua participação real nos novos hábitos de consumo de mídia dos brasileiros? Afinal, o BV também é pago na mídia impressa, na internet, no rádio...

A mesma pergunta vale para o desbalanço dentro do meio TV: se todas as emissoras pagam BV, em negociações parecidas, tanto faz para as agências, em termos de resultado financeiro, concentrar o investimento numa única emissora ou distribuí-lo proporcionalmente entre as várias concorrentes.

Chegamos então ao terceiro ponto que ajuda a explicar por que a TV aberta continua mantendo seu patamar de faturamento no Brasil, e por que o desequilíbrio na distribuição de verbas publicitárias se mantém firme por aqui, tanto entre os meios quanto entre os veículos dentro dos meios.

De um lado, há a *tradição*. Nós temos um longo histórico bem-sucedido de vender pela televisão. Nossos publicitários e homens e mulheres de marketing aprenderam a trabalhar assim — e a gostar disso. Eles foram formados profissionalmente para atender a essa configuração de mercado. TV é o que sempre deu certo no país, o investimento considerado o mais seguro, o meio visto como o mais nobre, o veículo tido como aquele que traz maior visibilidade para os produtos — e para os profissionais — envolvidos.

A televisão talvez não gere mais o mesmo retorno para as marcas, mas esse sentimento ainda persiste. A mágica da caixinha eletrônica continua viva aos olhos dos decisores — a última geração analógica, nascida sob a égide da TV, e criada antes da revolução digital, é a que está no comando agora, vivendo seus 40 e 50 anos na segunda década do século 21.

Há uma cultura criada em torno das premissas *offline* que formaram esses profissionais. E hábitos antigos são os mais duros de mudar. São décadas de reinado absoluto da televisão no país. Colocar nossas marcas na tela sempre foi um sonho pessoal e profissional — e nós faremos o que pudermos para que ele continue vivo. Ainda associamos a televisão ao glamour das grandes verbas, da grande cobertura, da grande exposição, dos grandes sets de filmagem, do contato com celebridades. Então estamos conectados à TV também em termos afetivos, criativos e aspiracionais.

De outro lado, há a *facilidade*. É muito mais fácil fazer televisão (ou mídia tradicional — filmes comerciais, anúncios impressos, spots de rádio) do que operar a comunicação nas novas mídias. Primeiro, porque as agências, e o próprio modelo de negócios da publicidade no Brasil, foram concebidos para operar na mídia tradicional. A maior parte das estruturas, nas agências e nos clientes, foi montada para isso. E os instrumentos que medem a performance de boa parte dos executivos, nas agências e nos clientes, ainda são *antigos,* nesse sentido.

Depois, porque as novas mídias são mais complexas e numerosas, tem um número maior de variáveis e de métricas, oferecem uma possibilidade mais ampla de controles e de correções, demandam um conhecimento muito maior de tecnologias que mudam todo dia. Então o trabalho nas novas fronteiras da comunicação é menos escalável, e menos rentável, exatamente pelo tanto que demanda de material humano qualificado.

Finalmente, o futuro da gestão de marcas aponta para um maior contato com os consumidores. Não é mais possível colocar um anúncio no ar e ir para casa tranquilo, com a sensação de dever cumprido — no mundo digital, o trabalho não termina quando você veicula sua mensagem, é precisamente aí que ele *começa*. A comunicação não significa mais emitir uma mensagem para alguém que vai recebê-la, mas interagir com consumidores ativos, em vias de mão dupla. Isso impõe habilidades como diálogo, audição e relacionamento, coisas com as quais agências e clientes pouco precisaram se preocupar até aqui. A TV representa também, portanto, a nostalgia do paraíso perdido, de um mundo mais controlado e próspero para quem atuava no mercado de comunicação.

As novas mídias exigem profissionais com outras competências — e talvez, até mesmo, outros profissionais. Então interessa a um bocado de gente preservar o modelo tradicional. E retardar tanto quanto possível a chegada dos novos tempos.

E há, ainda, a *praticidade*. É muito mais simples e prático você concentrar 70% dos seus investimentos em TV em uma única emissora — bem como *mais* de 70% dos seus investimentos digitais nas plataformas do Google e do Facebook — do que espalhar suas verbas por mais veículos. Fica mais complexo — e caro — de administrar as suas escolhas de comunicação se elas seguirem a pulverização das audiências. Portanto, a concentração dos investimentos em mídia no Brasil carrega também o sentido de tornar a vida mais prática para quem administra essa verba — tanto no cliente quanto na agência.

Afinal, se o sujeito sempre resolveu bem a sua vida concentrando seus investimentos em um ou dois veículos, minimizando assim seus esforços, por que ele vai abrir o leque, aumentando seu trabalho e seu risco para obter, na melhor das hipóteses, resultados semelhantes?

Esse ponto também está intimamente ligado à *rentabilidade*. No mundo da mídia tradicional, as agências de publicidade precisavam programar a TV Globo (ou, em menor medida, outras emissoras de TV, a Editora Abril, e alguns rádios e jornais) se quisessem ganhar dinheiro em escala. Havia entre 30 e 50 agências atendendo clientes com verbas desse porte no país, o que as tornava bastante rentáveis. As demais agências, de menor tamanho ou digitais, trabalhavam mais e ganhavam menos — porque tinham menos verba para comprar mídia em grandes veículos, e assim não conseguiam participar do mercado de BV.

Hoje é possível, para quase toda agência, concentrar seu investimento digital — independentemente do tamanho da verba, ou seja, sem a necessidade, para ganhar dinheiro em escala, de ter que produzir um filme comercial que custa 1 milhão de reais e dispor de outros 5 milhões para veiculá-lo no horário nobre da TV aberta. A revolução digital, que de um lado democratizou o acesso ao mercado de mídia a milhões de microanunciantes, de outro lado, no mercado publicitário formal, democratizou a concentração da verba. O modelo concentrador continuou intocado — apenas mais agências e clientes passaram a ter acesso aos meios para concentrar seus investimentos em mídia.

O problema é que, num mundo crescentemente diverso e dividido em tribos, qualquer concentração, seja ela digital ou não, na mídia tradicional ou nas novas mídias (mesmo com todo o seu poder de segmentação), não parece representar bom caminho. Ignorar a crescente diversidade das pessoas e dos seus interesses significa descolar-se dos movimentos da audiência, e dos hábitos e interesses do público, em nome de uma maior conveniência, ou de ganhos no curto prazo.

As pessoas estão cada vez mais espalhadas, organizadas em nichos e comunidades com interesses específicos — e as mensagens das marcas, de modo geral, continuam muitíssimo concentradas. Como se ainda fôssemos um enorme rebanho preso num mercado de massas indistinto.

Será interessante ver como esse tabuleiro vai ser impactado com a chegada da primeira geração digital às posições de comando na comunicação e no marketing das grandes marcas. Profissionais nascidos de 1990 para cá, que vão assumir o controle das ações ao longo da próxima década. Gente hiperconectada, que vive em rede e consome notícias e entretenimento em tempo real, em diversas fontes.

Gente que acha os programas de auditório cafonas, que jamais sujou as mãos com tinta de jornal, nem espetou o dedo num grampo de revista, e que nunca na vida assistiu a um capítulo de novela. Gente que sabe, por experiência própria, como um traço geracional inclusive, que o consumo de conteúdo e de mídia é um hábito cada vez mais multifacetado.

E há, por fim, no que se refere à TV aberta, o fato de as concorrentes da TV Globo terem sido historicamente ruins. Nunca houve um competidor à altura do padrão Globo de qualidade. Em termos de bom gosto, de bom conteúdo, de ambiente editorial confiável e desejável para as marcas, nenhuma outra emissora até hoje conseguiu oferecer uma alternativa consistente à programação levada ao ar pela TV Globo — que continua sendo a melhor emissora do país e que está há muitos anos entre as melhores TVs abertas do mundo.

Desde que a TV Globo estabeleceu a sua hegemonia, nunca surgiu um novo entrante ousado, inovador, capaz de ameaçar o líder — como a própria TV Globo fez na virada dos anos 60 para os 70. Como resultado, o mercado de televisão no Brasil se tornou um ambiente conservador, bem esquadrinhado, de modo geral voltado para a manutenção do *status quo*, sem grandes desafios ao paradigma reinante.

Esse equilíbrio está começando a ser ameaçado por um fator externo ao mercado de TV aberta — a disrupção tecnológica da transmissão de vídeos na internet, via *streaming*. Essa oferta está mudando o hábito de consumo de conteúdo audiovisual para milhões de pessoas. E, portanto, mudando nosso jeito de pensar e utilizar a televisão.

O Netflix é o principal representante dessa nova tecnologia. No Brasil desde 2011, estima-se que o serviço tenha atingido 6 milhões de assinantes e um faturamento de 1,2 bilhão de reais por aqui em 2016. O que tornaria o Netflix a terceira maior "emissora" brasileira de televisão, suplantando os faturamentos estimados do SBT (850 milhões de reais) e da Band (450 milhões).

O Netflix, e os serviços de vídeo por *streaming*, como o Amazon Prime, que chegou ao Brasil em 2016, começam a incomodar também as TVs a cabo — que por muitos anos representaram um território pacificado, que não incomodava muito a hegemonia da TV aberta. Com 6 milhões de assinantes angariados em cinco anos de operação no Brasil, o Netflix também poderia ser considerado o segundo maior "operador" de TV paga do país — a Net conta com 7,3 milhões de assinantes e a Sky, com 5,3 milhões, num mercado total, em tendência de queda, de 19 milhões de assinantes.

O Netflix talvez ainda não atraia receitas publicitárias no Brasil da mesma forma que está atraindo a atenção dos telespectadores. Mas com produções próprias realizadas no país, e com a regra de que os anunciantes, mais cedo ou mais tarde, acabam levando suas verbas para onde os olhos da audiência estão voltados, é inevitável que o Netflix, e as demais empresas de *streaming*, passem a disputar com os canais de TV aberta e de TV paga não apenas o coração dos consumidores, mas também o bolso dos patrocinadores.

Em novembro de 2015, numa prova de que é a empresa de comunicação brasileira que melhor tem reagido aos novos desafios e oportunidades, a TV Globo lançou seu serviço de *streaming*, a *Globo Play*.

Por fim, o YouTube, a plataforma de vídeos do Google, também representa uma ameaça importante à televisão tradicional no Brasil. Com 82 milhões de usuários alcançados em 2016 — cerca de 80% das 102 milhões de pessoas com acesso à internet no país — o YouTube canaliza um bocado de horas de consumo de conteúdo audiovisual para fora do aparelho de TV e, portanto, dos canais de televisão, sejam eles abertos ou pagos.

Anexo 3

Ninguém deve censurar o Carnaval*
Os carnavalescos é que devem decidir se o Holocausto vai para o sambódromo

A escola de samba Viradouro, do Rio de Janeiro, cujo enredo este ano (2008) se chama "É de Arrepiar", vai trazer para o desfile um carro alegórico representando o Holocausto, o extermínio de 6 milhões de judeus pelos nazistas. Mas também é possível que não o traga. A comunidade judaica não gostou da ideia — a alegoria estaria banalizando "a maior tragédia da história da humanidade".

Ninguém ignora o absurdo perpetrado contra os judeus no século passado. Um genocídio que encabeça uma longa lista de morticínios cruéis: dos gulags soviéticos à ação de Pol Pot no Camboja, das sangrentas guerras civis africanas à recente tragédia nos Bálcãs. A humanidade tem um bocado de coisas de que se envergonhar.

Mas será preciso pedir licença a alguém para falar desses acontecimentos? Para estudá-los, narrá-los ou representá-los ar-

---

* Artigo publicado na revista Época em 26 de janeiro de 2008.

tisticamente? O carnavalesco da Viradouro, Paulo Barros, tido como um dos mais criativos do Carnaval carioca, visitou a Federação Israelita do Rio de Janeiro para conversar sobre o carro alegórico. Uma cortesia que rapidamente abriu espaço para interferência ideológica e censura prévia a uma manifestação que deveria ser autônoma. Eis o ponto: os judeus não são os donos do Holocausto. Aquele evento brutal é um patrimônio indesejável de todos nós. Ninguém pode deter o direito intelectual sobre um fato histórico.

A Federação não viu nenhuma intenção antissemita no desfile da Viradouro — mas achou que o Holocausto não é um tema afeito ao Carnaval. Ora, quem tem de decidir isso são as escolas de samba e os carnavalescos — não a Federação Israelita ou qualquer outra instituição. Não é de hoje que o Carnaval funciona como uma expressão popular que absorve e relê, à sua maneira peculiar, temas dos mais variados matizes. Deve ter o direito de continuar a fazê-lo, com erros e acertos, com mais ou menos bom gosto. Depois do desfile, uma escola pode ser criticada, processada até. Não deveria, jamais, ser censurada de antemão.

Algumas das pessoas mais inteligentes que eu conheço são judias. Como o são algumas das manifestações mais acachapantes de autoironia e bom humor que já presenciei. Ao mesmo tempo, há uma ala judaica que cultua as feridas do passado como se não quisesse deixá-las cicatrizar, como se dependesse de mantê--las abertas para continuar vivendo. Será que não está mais do que na hora de quebrar essa reserva de mercado da dor e olhar, com alegria, para a frente? O Carnaval está aí para isso mesmo.

Anexo 4

O ano em que fui carioca*

Sou gaúcho: nasci em Porto Alegre. Também sou paulistano da gema: moro há mais de uma década em São Paulo. E Kyoto, no Japão, é igualmente minha *hometown*: vivi três anos lá. Ano passado, realizei o sonho de quase todo brasileiro: morei no Rio. E no Leblon, o bairro mais charmoso do Brasil. Pegava praia com meus filhos pequenos diante do olhar majestoso do morro Dois Irmãos — que já mereceu uma linda música do Chico Buarque. E fazia tudo a pé, sem pegar carro. Mais do que um lugar, o Rio é uma entidade mítica que mora na alma da gente. Trata-se de uma cidade aspiracional.

Como carrego comigo um monte de naturalidades, sublimei o bairrismo faz tempo. Então aprendi a amar o Rio mantendo, ao mesmo tempo, um distanciamento no olhar. Isso me permite perceber que há mitos sobre a cidade que se confirmam. E outros que não têm rigorosamente nada a ver. Eis o que tenho a declarar.

---

* Versão revisada de artigo publicado na revista Marie Claire *em maio de 2008.*

Cariocas têm o sotaque mais gostoso do Brasil

Ou, pelo menos, o *maish manêero*. Sotaque é mais do que um jeito diferente de falar a língua — é uma atitude particular diante da vida. Sotaque é mais do que um som — ele expressa um lugar e suas gentes e seus hábitos. Trata-se de uma declaração de valores. Todo sotaque é isso. Mas nenhum é tão isso como o sotaque carioca.

Os cariocas, como os franceses, saboreiam a língua que falam, salivam sobre o que dizem, mastigam as palavras. Têm imenso prazer em conversar. Ou melhor, em falar. Ou, melhor ainda, em se ouvir. E têm razão nisso. Todo carioca é um orador nato. Do taxista ao vendedor de mate na praia. Os cariocas falam com ritmo, charme, suingue. Têm humor, ênfase, emprestam autoridade a qualquer coisa que digam. São grandes sedutores: têm o talento de levar na lábia, de ponderar do jeito certo, de usar a entonação e a métrica com maestria, de convencer e de tergiversar, de apoiar ou de derrubar uma tese de modo incontestável.

O sotaque nordestino também é delicioso. O sotaque mineiro também é um *bijuzim*. Só que os nordestinos, como os mineiros, ao contrário dos cariocas, parecem não ter a consciência disso. Não se curtem desse jeito quase onanístico. O amor-próprio do carioca é um prodígio a ser celebrado.

Cariocas falam alto

Às vezes, nas ruas e bares do Rio, você acha que duas pessoas estão brigando, a um passo da agressão física, e elas estão, na verdade, concordando sobre tudo e rindo juntas. Em várias rodas, e mesmo dentro de um escritório, quem quiser ser ouvido precisa colocar a voz no volume máximo. Com frequência é preciso ganhar no grito o direito de dizer alguma coisa.

Minha teoria é que isso é culpa da praia. Na areia, o som do mar e da balbúrdia geral exige que o sujeito imposte a voz como se estivesse num auditório — mesmo estando a alguns palmos da orelha do interlocutor. Então, no Rio, se quiser que lhe escutem, guarde um pouco da polidez e da sutileza no bolso da bermuda — e solte a voz.

Cariocas têm corpos esculturais

O Rio, segundo uma revista masculina inglesa, é o lugar com a maior concentração de corpos perfeitos por metro quadrado no mundo. É verdade: há abdominais desenhados, pernas bem torneadas e peitorais definidos a granel. Dá certa vergonha ao visitante tirar a camisa no calçadão de Ipanema. Claro que também existem cariocas pelancudos. E o mais bacana é que esses não estão nem aí: perambulam pelados com grande tranquilidade, exercendo sem grilos o direito à nudez de suas polpas.

O corpo significa toda uma outra coisa no Rio. A exposição coletiva de intimidades, o encontro social na praia, com todo mundo desnudo, é um acordo mútuo, tácito, histórico a respeito do que virilhas, pelos e sovacos significam. No Rio, você é íntimo do seu desconhecido — afinal, ele está vendo o seu umbigo e você o dele. Os regos das meninas e os mamilos dos rapazes são itens de domínio público. Noutras cidades, como Curitiba ou Belo Horizonte, quero crer, o acesso visual a certas partes do corpo do outro é um processo bem mais lento e parcimonioso. É claro que isso afeta o jeito como as pessoas se relacionam.

Entre todos os espécimes à exposição na orla e na Lagoa, há dois tipos de corpos que só existem no Rio. Primeiro, as mulheres portentosas. Várias curvas femininas cariocas desafiam as leis da física. Minha teoria: a existência dessas bundas e coxas e panturrilhas requer muitas horas de samba em cima de um salto plataforma.

Segundo fenômeno científico: os octogenários cariocas (com saúde equivalente ou superior à de quarentões paulistanos) que jogam vôlei horas a fio na praia, debaixo de um sol abrasador. Há uma terceira idade hiperatlética no Rio que só se explica pelo fato de que, lá, estar saudável é uma obrigação. Fazer alguma atividade física é uma convenção social. Sedentários são gente solitária no Rio.

De fato, a cidade convida você, a todo momento, a sair de casa e, se me permitem, fazer amor com ela. O Rio é absolutamente sensual. Se fosse mulher, seria uma fêmea de relevos fascinantes e fendas irresistíveis.

Nenhuma outra cidade no mundo convive tão bem com uma sunga como o Rio. Em nenhum outro lugar se veste um biquíni com tamanha naturalidade. Pés descalços dilapidam a dignidade de qualquer um em qualquer cidade do planeta — menos no Rio. O carioca vai ao supermercado em traje de banho e vai ao restaurante com o cabelo cheio de areia e sal — tudo na maior naturalidade.

Essa descontração, e essa cultura da pouca roupa, resultam numa moda praia imbatível. Que só ainda não ganhou o planeta comercialmente pela sensação de autossuficiência do carioca, que se expressa no relativo desinteresse das produções locais em deixarem de falar apenas com o mundinho Zona Sul. Afinal, do Leme ao Pontal não há nada igual — no mundo. (É fato.) Então, por que expandir?

O resto do guarda-roupa do carioca, no entanto, ganha nota baixa. De modo geral, a turma se veste mal quando a temperatura cai e mais roupas são necessárias. A impressão que dá é que aquela tal deselegância discreta revelada por Caetano Veloso em *Sampa* trocou de lado na Ponte Aérea.

O Rio tem cultura própria

E é uma das poucas cidades do mundo que pode dizer isso de si mesma com absoluta certeza. O Rio tem a cultura da água de coco na praia, do chope e da boemia no boteco, do café da manhã na calçada, da comida natural nas lojas de suco de fruta — o verdadeiro *fast food* carioca. Tem a estrondosa, multicolorida e influente cultura das favelas. Tem a nostalgia vivíssima daquele Rio mágico de outros tempos, do sambão à Bossa Nova.

O Rio tem dialeto, produção musical, jeito de dançar, de vestir, de jogar futebol e de falar próprios. Os cariocas têm orgulho disso — e com razão. No entanto, ainda se importam demais com São Paulo, como se guardassem um certo ressentimento da pauliceia. Bobagem. As duas metrópoles são complementares, e têm encaixe perfeito. Cada uma na sua, para alegria geral dos cidadãos do Brasil e do mundo.

Cariocas são os mais brasileiros entre nós

No Rio, todo mundo se conhece. Não há anonimato possível na Zona Sul da cidade. E todo mundo é filho de alguém. Para os cariocas, as conexões familiares são fundamentais. É uma cidade de herdeiros, que se organiza em linhagens, em que a patota é tudo. Não é fácil entrar na turma, obter um visto de pertencimento. Você não é hostilizado abertamente por ser estrangeiro. É recebido com simpatia, consegue ser admitido no grupo — mas só até certo ponto.

Depois dessa risca leva tempo, requer esforço, exige um rito de passagem. E às vezes simplesmente não é possível. Eles decidem que você vai ficar de fora — porque não estudou junto no mesmo colégio primário, porque não frequentou a mesma praia desde moleque, porque não namorou a irmã de um deles na adolescência — e ponto.

Uma amiga me diz que a sociedade carioca descende da corte portuguesa, de um passado de capital do Império. Outro amigo me conta que a Zona Sul são duzentas famílias que convivem juntas há duzentos anos. Donde os relacionamentos e os sobrenomes valerem tanto no Rio. São Paulo, segundo um terceiro amigo carioca, seria a antítese disso tudo, ao descender de uma cultura de imigrantes que chegaram ao país sem qualquer *pedigree* e, muitas vezes, sem um tostão.

Por isso, ao contrário do Rio, São Paulo valorizaria muito mais a meritocracia do que a tradição. De fato, você é paulistano se mora, estuda, trabalha, consome e paga seus impostos em São Paulo — não importa muito se nasceu em São Paulo ou não. Ser paulistano, portanto, é mais ou menos como ser *new yorker*. Já ser carioca é um direito de nascença. É uma hereditariedade, não é algo que se possa conquistar.

Por fim, digo o seguinte: o Rio é caro. Tirando táxi, o resto — restaurante, roupa, colégio, estacionamento — não deve nada ao alto custo de vida paulistano, que é um dos mais caros do mundo. Ah, sim: não há pão francês no Rio. Nem aquela cultura de padocas de São Paulo. Em compensação, os cinemas de Leblon e Ipanema inauguraram a era do lugar marcado no país, muito antes de São Paulo.

A cultura teatral carioca é intensa: em que outra capital você vê peças sendo anunciadas no vidro traseiro dos ônibus urbanos? Mandioquinha por lá se chama batata-baroa. E feijão é o preto — como no rincão pampeano em que me criei.

No Rio também não tem essa de, num bufê, servir primeiro as saladas e depois os pratos quentes. É tudo junto no mesmo prato. E a maioria das pessoas, inacreditavelmente, deixa suas bandejas sujas para trás nas mesas das praças de alimentação dos shoppings. Também largam seus lixos nas poltronas do cinema — bem mais do que em São Paulo, pelo menos. Loira é loura. Bolacha é biscoito. Calçada é passeio. E ir à cidade significa ir ao centro.

Digo mais: o Maracanã é o estádio mais gostoso do mundo. O Jardim Botânico, onde Tom Jobim ia assobiar com os passarinhos, é um lugar mágico. O café da manhã *hipster* no Parque Lage é uma experiência transcendental. E os cariocas são de fato um povo que sorri — não há melancolia que resista àquele mar azul e àquele gradiente de luzes que desce do céu.

O Rio tem dias perfeitos. Mas também tem dias frios. (Chove muito por lá. E nenhuma cidade é mais triste do que o Rio em dia de chuva. As nuvens carregadas servem de anticlímax para a cidade como em nenhum outro lugar. O Rio é feito para o sol e o sorriso da cidade depende disso. Um dia sem praia expõe o avesso da euforia solar do carioca.)

A luminosidade é, de modo geral, intensa: só no Rio existe uma cortina chamada "blecaute", para barrar o sol e seus brilhos, que começam a devassar o quarto da gente ainda de madrugada. A maresia existe e é uma praga, não uma bênção. Carioca adora ler jornal. E para muito em fila dupla, em cima da faixa, em qualquer lugar. Para não falar no hábito inacreditável de estacionar em cima da calçada.

O Rio que fica perto do mar tem um ar e uma cordialidade de cidade do interior, em que as pessoas parecem desconfiar menos umas das outras e se sentem seguras para abrir informações de sua vida pessoal a um estranho na fila do banco ou do supermercado. No entanto, o Rio, ao mesmo tempo que cultiva o gosto pelo quintal fechado, pelo clã, pela aldeia, é um lugar que flerta com o cosmopolitismo, onde você cruza com gente de todo lugar do planeta. E onde você topa a todo momento com celebridades nacionais e estrangeiras à paisana, tão à vontade que você as trata como se fossem figuras corriqueiras, como se fossem seus vizinhos — coisa que elas, muitas vezes, são. Você pode encontrar um astro de Hollywood na fila do restaurante. Ou assistir a um casal de atores de novela passeando de mãos dadas pela calçada numa noite quente, sem serem incomodados.

Digo, por fim: o Rio tem dois milagres. Um, o samba no pé. Uma impossibilidade para mim e para outros bilhões de seres humanos. O segundo, o futevôlei. Qualquer um por lá tem uma habilidade inacreditável com a bola. Os melhores boleiros do resto do Brasil, a começar por mim mesmo, não resistem a um minuto de futevôlei. É preciso ser carioca para dar passe de ombro!

Valeu, Rio. E *olha só*: a gente se vê.

Próximos lançamentos da

Trilogia
As Memórias do Primeiro Tempo

Episódio: O Renascimento
Por Conta Própria

Como troquei o desemprego pelo empreendimento
e reinventei minha carreira (e minha vida)
construindo um negócio

Episódio: A Ascensão
À Sombra da Arvorezinha em Flor

A reinvenção da Superinteressante!
Os bastidores da Exame!
A criação de Mundo Estranho *e* Vida Simples!
A última morte da Bizz!
(E outras aventuras trepidantes, sensacionais —
e verídicas.)

Impressão e Acabamento:
LIS GRÁFICA E EDITORA LTDA.